ケース別

相続預金の実務

A to Z

本橋総合法律事務所／編

執筆　本橋光一郎
　　　本橋美智子
　　　下田　俊夫
　　　篠田　大地

ビジネス教育出版社

はしがき

　本格的な高齢化社会が到来してきており、一般国民にとって家事問題や相続案件についての関心も大いに高まってきています。家庭裁判所に申し立てられる遺産分割事件の件数も、着実に増加の傾向をたどっており、そして、その遺産分割事件の内容を見ても、複雑化、深刻化していると指摘されています。

　裁判例においても、きわめて重要な平成28年12月19日最高裁大法廷決定が現れ、相続預金についての家庭裁判所の調停・審判実務に大きな変化がもたらされることとなりました。

　このような中で、金融機関をはじめとしまして、日々の相続関連の実務にかかわる方々、並びに、相続に関心を寄せる方々に対して、相続法の基本的な知識と相続預金の取扱いの仕組みの考え方などを明確に理解してもらうために、相続案件を幅広く取り扱っている私ども本橋総合法律事務所の本橋光一郎、本橋美智子、下田俊夫、篠田大地の4弁護士が事務所の総力を結集して、本書を執筆させていただきました。できるだけ相続の実務に即するものとして、また、一般の方々にもわかりやすい内容となるよう、心がけました。

　本書の基本的な構成、編集全般については、金融関係法務に豊富な実績経験をもつ当事務所篠田大地弁護士に特段の貢献をしていただきましたこと、本書刊行にあたっては、㈱ビジネス教育出版社 山下日出之氏の熱心なご協力を得ましたことを記して、感謝申し上げます。

　本書が相続預金に関わる方々並びに相続に関心を持つ方々に、お役に立って、広く活用されることを願っております。

平成30年1月

本橋総合法律事務所

弁護士　本橋光一郎

ケース別
相続預金の
実務 AtoZ

目 次

第**1**章 相続預金実務に必要な相続法の基本知識

1. 民法上、相続人の範囲や順位、法定相続分はどうなっているか ⋯⋯⋯ 8

2. 遺言にはどのような種類があるか ⋯⋯⋯⋯⋯⋯⋯⋯⋯⋯⋯⋯⋯⋯ 11

3. 遺言の検認とはなにか ⋯⋯⋯⋯⋯⋯⋯⋯⋯⋯⋯⋯⋯⋯⋯⋯⋯⋯ 15

4. 特別受益とはなにか ⋯⋯⋯⋯⋯⋯⋯⋯⋯⋯⋯⋯⋯⋯⋯⋯⋯⋯⋯ 19

5. 寄与分とはなにか ⋯⋯⋯⋯⋯⋯⋯⋯⋯⋯⋯⋯⋯⋯⋯⋯⋯⋯⋯⋯ 22

6. 遺留分減殺請求とはなにか ⋯⋯⋯⋯⋯⋯⋯⋯⋯⋯⋯⋯⋯⋯⋯⋯ 26

7. 遺産分割協議、遺産分割調停とはなにか ⋯⋯⋯⋯⋯⋯⋯⋯⋯⋯ 29

8. 遺産分割審判とはなにか ⋯⋯⋯⋯⋯⋯⋯⋯⋯⋯⋯⋯⋯⋯⋯⋯⋯ 32

9. 法定相続情報証明制度とはなにか ⋯⋯⋯⋯⋯⋯⋯⋯⋯⋯⋯⋯⋯ 35

10. 仮分割の仮処分とはなにか ⋯⋯⋯⋯⋯⋯⋯⋯⋯⋯⋯⋯⋯⋯⋯⋯ 39

第**2**章 相続預金の管理

11. 金融機関が預金者が死亡したことを把握した場合、どのような対応をすべきか ⋯⋯⋯⋯⋯⋯⋯⋯⋯⋯⋯⋯⋯⋯⋯⋯⋯⋯⋯⋯⋯⋯⋯⋯ 44

12. 相続が生じたのち、口座振替や住宅ローンの引落としをすることはできるか ⋯⋯⋯⋯⋯⋯⋯⋯⋯⋯⋯⋯⋯⋯⋯⋯⋯⋯⋯⋯⋯⋯⋯⋯ 46

13. 相続開始後に入金があった場合、どのように対応すべきか ⋯⋯⋯ 48

第**3**章 相続預金等の払戻し対応

14. 法定相続人が複数いるなかで、法定相続人の1人から、遺産分割が完了する前に、相続預金の払戻請求があった場合、金融機関はこれに応じるべきか ……………………………………………… 52

15. 法定相続人が複数いるなかで、法定相続人の1人から、遺産分割が完了する前に、投資信託の解約依頼があった場合、金融機関はこれに応じるべきか ……………………………………………… 55

16. 法定相続人が複数いるなかで、法定相続人の1人から、遺産分割が完了する前に、国債の解約依頼があった場合、金融機関はこれに応じるべきか ……………………………………………… 57

17. 遺言なしに金融機関が相続預金の払戻しに応じる場合、相続人からどのような資料の提出をしてもらうべきか ……………………… 59

18. 金融機関が遺言により相続預金の払戻しに応じる場合、相続人からどのような資料の提出をしてもらうべきか ……………………… 62

19. 一部の相続人が相続放棄をした場合、相続預金の払戻しにはどのように対応すべきか …………………………………………… 65

20. 限定承認がなされた場合、相続預金の払戻しにはどのように対応すべきか ……………………………………………………… 68

21. 一部の相続人が相続分の放棄や譲渡を行っている場合、相続預金の払戻しにはどのように対応すべきか ……………………… 70

22. 相続人の1人が行方不明となっている場合、相続預金を払い戻すことはできるか ……………………………………………… 73

23. 相続財産管理人から払戻請求があった場合、これに応じるべきか… 76

24. 相続人に未成年の子がいる場合、相続預金の払戻しにあたり、どのような点に注意すべきか …………………………………… 79

3

25. 預金者が死亡した後、さらに相続人が死亡した場合、相続預金の払戻しにはどのように対応すべきか ………………………………………………… 82

26. 被後見人の成年後見人から、相続預金の一部の払戻請求の依頼があった場合、どう対応すべきか ………………………………………………… 85

27. 相続人の1人から、便宜払いの要求があった場合、これに応じることはできるか ……………………………………………………………………………… 88

28. 一部の相続人から、相続預金は名義預金であるため、自身に払戻しをしてほしいとの請求があった場合、どのように対応すべきか …… 90

第4章　遺言がある場合の相続預金等の払戻し対応

29. 遺言で指定された相続人や受遺者がすでに死亡している場合、どのように対応すべきか ………………………………………………………… 94

30. 遺言と異なる遺産分割協議書が提出された場合、遺産分割協議書に基づいて払戻しをすることはできるか ……………………………… 97

31. 自筆証書遺言において、押印がない、日付の記載がないなどの不備がある場合、どのように対応すべきか ……………………………… 99

32. 自筆証書遺言において、預金が対象となっているか否か不明確な場合、どのように対応すべきか ……………………………………………… 101

第5章　遺言執行者からの請求

33. 遺言執行者とはなにか …………………………………………………………… 104

34. 遺言執行者により、相続預金の払戻請求がなされた場合、どのように対応すべきか …………………………………………………………… 106

35. 遺言執行者から相続預金の残高証明書や取引履歴の発行依頼があった場合、これに応じるべきか ………………………………………… 108

第**6**章　遺留分減殺請求と相続預金の払戻し

36. 遺留分を侵害していることが明らかな遺言である場合にも、遺言に基づいて払戻しをしてよいか ……112

37. 遺留分減殺請求がなされたことを知った後、受遺者から遺言に基づく払戻請求を受けた場合、これに応じるべきか ……114

第**7**章　相続預金払戻し後に問題が生じた場合

38. 相続人全員の協議に基づき払戻しを行ったが、その後相続人の1人より、遺言が発見されたとして再度払戻請求があった場合、金融機関は責任を負うか ……118

39. 遺言に基づき払戻しを行ったが、その後、より新しい遺言が発見されたとして払戻請求がなされた場合、金融機関は責任を負うか…120

40. 預金者が死亡したにもかかわらず、金融機関がそれを知らずに払戻しをしてしまった場合、金融機関に責任が生じることはあるか…122

第**8**章　取引履歴

41. 相続人の1人から相続預金の残高証明書や取引履歴の発行依頼があった場合、これに応じるべきか ……126

42. 相続人の1人から相続預金に関する振込依頼書や払込伝票の発行依頼があった場合、これに応じるべきか ……128

43. 弁護士会照会により、預金関係書類の開示依頼があった場合、これに応じるべきか ……130

44. 裁判所の文書送付嘱託により預金関係書類の開示依頼があった場合、これに応じるべきか ……132

第**9**章 相続預金の相殺・差押え

45. 相続預金について、相殺をすることはできるか ──────── 136

46. 相続預金について、被相続人の債権者は差押えをすることができるか ─────────────────────────────── 138

47. 相続預金について、相続人の債権者は差押えすることができるか ─────────────────────────────── 140

第**10**章 その他

48. 最高裁決定以前に、法定相続分に応じて預金が払い戻されていた場合、金融機関が責任を負うことはあるか ─────────── 144

49. 最高裁決定以前に、一部の相続人に対して預金を法定相続分にて払い戻していた場合、金融機関は最高裁決定後に他の相続人に対して預金を法定相続分にて払い戻す必要があるか ─────── 146

50. 相続法改正において、金融実務に影響を与える可能性がある点はなにか ─────────────────────────── 148

第**1**章

相続預金実務に必要な
相続法の基本知識

Q 1 　民法上、相続人の範囲や順位、法定相続分はどうなっているか？

A　相続人の第一順位は子、第二順位は直系尊属、第三順位は兄弟姉妹とされています。配偶者は常にそれらの者と同順位の相続人となります。

　法定相続分は、相続人が配偶者と子であるときは、配偶者１／２、子１／２、相続人が配偶者と直系尊属であるときは、配偶者２／３、直系尊属１／３、相続人が配偶者と兄弟姉妹であるときは、配偶者３／４、兄弟姉妹１／４と定められています。

解　説

1　相続人の範囲と順位

　⑴預金者が死亡したときは、預金は相続人に相続され（なお、遺言で遺贈がなされているときは別）、預金は、相続手続に従って、処理されることとなります。

　そして、相続人は誰々か、その順位はどうなるかが、まず問題となります。

　相続人の第一順位は子、第二順位は直系尊属、第三順位は兄弟姉妹となっています。

　また、それらの順位にある者とは別に、配偶者は常にそれらの者と同順位の相続人となります。

　⑵胎児は、死体で生まれたときは別として、相続について、すでに生まれたものとみなされます。

　なお、子が相続開始以前に死亡したとき、あるいは、子が廃除によって相続権を失ったときは、その者の子が代襲して相続人となります。ただし、その者の子が直系卑属でないとき（養子縁組前に生まれてい

た養子の子など）は除かれます。代襲者たる孫が死亡している場合には、代襲者の子（ひ孫）も代襲相続人となりえます。

(3)直系尊属は、第一順位の子がいないときに相続人となります。直系尊属のうちでは、親等の近い者の順で相続人となります（父母がともに死亡している場合に、祖父母が生きていれば、祖父母が相続人となります）。

(4)兄弟姉妹は、第三順位の相続人となります。兄弟姉妹についても代襲相続はありますが、兄弟姉妹の子一代のみ代襲相続をすることができます（兄弟姉妹の孫は、代襲者とはなりえません。民法889条2項は、民法887条2項のみを準用し、同条3項を準用していません）。

参 考

（子及びその代襲者等の相続権）

第887条　被相続人の子は、相続人となる。

2　被相続人の子が、相続の開始以前に死亡したとき、又は第891条の規定に該当し、若しくは廃除によって、その相続権を失ったときは、その者の子がこれを代襲して相続人となる。ただし、被相続人の直系卑属でない者は、この限りでない。

3　前項の規定は、代襲者が、相続の開始以前に死亡し、又は第891条の規定に該当し、若しくは廃除によって、その代襲相続権を失った場合について準用する。

（直系尊属及び兄弟姉妹の相続権）

第889条　次に掲げる者は、第887条の規定により相続人となるべき者がない場合には、次に掲げる順序の順位に従って相続人となる。

一　被相続人の直系尊属。ただし、親等の異なる者の間では、その近い者を先にする。

二　被相続人の兄弟姉妹

2　第887条第2項の規定は、前項第2号の場合について準用する。

2 相続人の相続分

(1)遺言による相続分指定のないときの相続分を法定相続分といいますが、その法定相続分は、次の割合によるものとされます。

相続人の構成とその法定相続分

配偶者　1/2	子　　1/2
配偶者　2/3	直系尊属　1/3
配偶者　3/4	兄弟姉妹　1/4

　子、直系尊属、兄弟姉妹が数人あるときは、各自の相続分は相等しいとされます。ただし、父母の一方のみを同じくする兄弟姉妹（いわゆる半血兄弟）の相続分は、父母の双方を同じくする兄弟姉妹の相続分の2分の1となります。

　さらに注意すべき点としては、上記の法定相続分は、昭和55年民法改正（昭和56年1月1日施行）によるものであって、それ以前は、昭和22年民法（昭和23年1月1日施行）により、次の割合とされていました。

配偶者　1/3	子　　2/3
配偶者　1/2	直系尊属　1/2
配偶者　2/3	兄弟姉妹　1/3

　昭和55年以前の古い遺産係争が未解決のまま残されてきた場合には、その当時の法定相続分に基づいて遺産分割が行われますので、注意が必要です。

(2)遺言によって、相続分が指定されている場合などには、遺留分に関する規定に違反しない限り、その指定に基づく相続分の割合にて相続がなされます。

Q2 遺言にはどのような種類があるか？

A 　遺言には、普通方式による遺言と、特別方式による遺言の２種類があります。普通方式による遺言には、自筆証書遺言、公正証書遺言、秘密証書遺言の３つがあり、特別方式による遺言には、一般危急時遺言と特別危急時遺言があります。

解　説

1　遺言の種類

　遺言には、大きく分けて、普通方式による遺言と特別方式による遺言の２種類があります。

　そして、普通方式による遺言には、自筆証書遺言、公正証書遺言、秘密証書遺言の３つがあります。

　また、特別方式による遺言には、一般危急時遺言と特別危急時遺言（伝染病隔離者、在船者、船舶遭難者の遺言）があります。特別方式による遺言が作られることは、実際上稀です。

2　普通方式による遺言

(1)　自筆証書遺言

　自筆証書遺言については、遺言者が遺言の全文、日付、氏名を自書し、押印することが必要です。

　自筆証書中の加除、その他の変更は、遺言者がその場所を指示し、変更した旨を付記して、特に署名し、かつ、変更される場所に押印することが必要です。

(2)　公正証書遺言

　公正証書遺言については、①証人２人以上が立ち会うこと、②遺言

者が遺言の趣旨を公証人に口授すること、③公証人が遺言者の口述を筆記し、遺言者及び証人に読み聞かせ、又は閲覧させること、④遺言者及び証人が、筆記の正確なことを承認した後に、署名し、押印すること（ただし、遺言者が署名することができない場合は、公証人がその事由を付記し、署名に代えることができる）、⑤公証人が、上記の方式に従って作ったものである旨を付記して、これに署名し、押印をすること、が必要です。

(3) 秘密証書遺言

秘密証書遺言については、

① 遺言者がその証書に署名し、押印すること

② 遺言者が証書を封じ、証書に用いた印章で封印すること

③ 遺言者が公証人1人、証人2人以上の前に封書を提出して、自己の遺言書である旨並びにその筆者の氏名及び住所を申述すること

④ 公証人がその証書を提出した日付及び遺言者の申述を封書に記載した後、遺言者及び証人とともにこれに署名し、押印すること

が必要です。

秘密証書の場合は、必ずしも本人が全文自書したものでない（パソコン作成などの）遺言書を作成のうえ、これに署名押印して、公証人へ提出することもできます。

公正・自筆証書遺言の比較表

	公正証書遺言	自筆証書遺言
長所	公証人が作成するので、遺言の内容が明確である。 字を書けない者でも公証人に依頼して作成できる。 紛失、偽造、変造、隠匿が少ない。 検認が不要。	いつでもどこでも作成できる最も簡易・簡便な遺言である。 費用がかからない。 証人が不要なので、作成したことを秘密にしておくことができる。
短所	公証人の手数料がかかる。 証人が2人以上必要となる。	遺言の内容が不明確なことがある。 紛失、偽造、変造、隠匿のおそれがある。 方式不備等で無効となることがある。 検認が必要。

3　特別方式の遺言

(1)　一般危急時遺言

疾病その他の事由によって死亡の危急に迫った者が遺言をしようとするときに、証人３人以上の立会いをもって、その１人に遺言の趣旨を口授して、遺言をすることができます。

この場合、遺言の日から30日以内に証人の１人又は利害関係人から家庭裁判所に請求して確認を得ることが必要です。

(2)　伝染病隔離者の遺言

伝染病（感染症）のため行政処分によって交通を絶たれた場所に在る者は、警察官１人及び証人１人以上の立会いをもって遺言書を作ることができます。

(3)　在船者の遺言

船舶中に在る者は、船長又は事務員１人及び証人２人以上の立会いをもって遺言書を作ることができます。

(4)　船舶遭難者の遺言

船舶が遭難した場合において、当該船舶中に在って死亡の危急に迫った者は、証人２人以上の立会いをもって口頭で遺言することができます。

この場合、証人が遺言の趣旨を筆記してこれに署名押印し、かつ、証人の１人又は利害関係人が遅滞なく家庭裁判所に請求して、確認を得ることが必要です。

4　遺言の比較

普通方式による遺言のうちで最もおすすめできるのは、公正証書遺言です。後日の紛争発生が比較的少ないといえます。正本の保管も公証役場がしてくれますので安心です。なお、自筆証書遺言は簡便に作成できますが、相続開始後、検認手続が必要となります（Ｑ３参照）。

遺言文例　公正証書遺言

平成30年第33号

遺　言　公　正　証　書

　本職は、遺言者春野一夫の嘱託により、証人夏山二郎及び同秋川三子の立会いのもとに、次の遺言の趣旨の口述を筆記し、この証書を作成する。

第1条　遺言者は、その所有に係る次の不動産を遺言者の妻春野花子（昭和36年6月6日生）に相続させる。

（土地）

　　　所　　　在　　東京都○○区○○一丁目
　　　地　　　番　　50番15
　　　地　　　目　　宅地
　　　地　　　積　　188.18平方メートル

第2条　遺言者は、遺言者の長男春野英夫（昭和63年3月3日生）及び同長女冬田道子（平成2年5月15日生）に各金1000万円をそれぞれ相続させる。

第3条　遺言者は、第1条及び前条に記載した以外の残余の遺産はすべて妻春野花子に相続させる。

第4条　この遺言の遺言執行者として東京都○○区○○3丁目4番5号弁護士東田大吉（昭和45年1月5日生）を指定する。

本旨外要件

　　　　　　　　　　　　住　　所　　東京都○○区○○1丁目2番3号
　　　　　　　　　　　　職　　業　　無職
　　　　　　　　　　　　遺言者　春　野　一　夫　昭和32年2月22日生

　上記は、印鑑登録証明書の提出によりその人違いでないことを証明させた。

　　　　　　　　　　　　住　　所　　東京都○○区○○4丁目6番8号
　　　　　　　　　　　　職　　業　　会社役員
　　　　　　　　　　　　証　人　夏　山　二　郎　昭和63年2月1日生
　　　　　　　　　　　　住　　所　　東京都○○区○○6丁目7番8号
　　　　　　　　　　　　職　　業　　会社員
　　　　　　　　　　　　証　人　秋　川　三　子　平成3年6月9日生

　上記遺言者及び証人に読み聞かせたところ、各自筆記の正確なことを承認し、次にそれぞれ署名押印する。

　　　　　　　　　　　　　　　遺言者　春　野　一　夫㊞
　　　　　　　　　　　　　　　証　人　夏　山　二　郎㊞
　　　　　　　　　　　　　　　証　人　秋　川　三　子㊞

　この証書は、平成30年○月○日、本職役場において民法第969条第1号ないし第4号の方式に従って作成し、同条第5号に基づき本公証人次に署名捺印するものである。

　　　　　　　　東京都○○区○○7丁目8番9号
　　　　　　　　　　　　東京法務局所属
　　　　　　　　　　　　公証人　西　田　良　男　㊞

Q 3 遺言の検認とはなにか？

A 遺言書（公正証書による遺言を除く）の保管者、又はこれを発見した相続人は、相続の開始を知った後、遅滞なく、家庭裁判所に遺言書を提出して、その検認を請求しなければなりません。

　検認は、遺言の効力が生じた（被相続人が死亡した）のち、速やかに遺言書の現状を確定し、その偽造、変造を防止し、その保存を確定するための手続です。遺言が有効か無効かを判断する手続ではありません。

解説

1　検認の対象となる遺言書

　公正証書遺言の場合には、隠匿、偽造、変造等のおそれがないので検認を要しないとされています。

　公正証書遺言以外の自筆証書遺言、秘密証書遺言は、検認を必要とします。

2　遺言書隠匿の制裁

　相続人が被相続人の遺言書を隠匿した場合には、相続欠格となります。

3　遺言書の開封

　遺言書の開封は、家庭裁判所で検認手続の際、相続人又はその代理人の立会いの下で、審判官（裁判官）の手において行われます。

15

4 手続違反の制裁

遺言書の提出を怠り、その検認を経ないで遺言を執行し、又は家庭裁判所以外でその開封をした者は、過料に処せられます。

5 遺言書検認申立ての具体的手続

(1) 申立人

遺言書の保管者又は遺言書を発見した相続人が申立てをします。

(2) 申立ての時期

遺言者の死後、遅滞なく請求することとなります。

(3) 管轄

相続開始地（遺言者の最後の住所地）の家庭裁判所となります。

(4) 添付書類

申立人、遺言者、相続人全員の戸籍謄本等（遺言者の出生時から死亡時までのすべてがわかるもの）が必要とされます。

(5) 遺言書原本

検認期日の際に提出するというのが家庭裁判所の実務となっています。

6 検認に関する手続

(1)遺言書の検認の申立てを行うと、裁判所書記官は、あらかじめ申立人及び相続人に対し検認期日の通知をします。

(2)審判官（裁判官）が封印のある遺言を開封するには相続人又はその代理人の立会いを要します。ただし、それらの者にはその機会が与えられていればよいとされます。

(3)検認期日において、遺言者の検認がなされたときは、家庭裁判所書記官は、検認期日に立ち会わなかった相続人、受遺者その他の利害関係人に対して、検認済みの通知を行います。ただし、すでに検認期日の通知を行った者に対しては、検認済みの通知は行いません。

7 検認の効果

(1)遺言書の検認は、遺言が有効であるか、無効であるかを決定するものではなく、検認済みの遺言書であっても、後日、民事訴訟等で遺言書の無効を争うことができます。

(2)検認を経ていない自筆証書遺言については、相続登記申請は受理されない（平成7年12月4日法務省民事局第三課長回答）扱いとされています。検認を経ている自筆証書遺言について、その遺言の方式、内容が適切であれば、相続登記申請は、受理されるのが登記実務となっています。また、金融機関等における預金、証券等の相続実務においても、自筆証書遺言に関しては、検認が要求されるのが通例です。

したがって、遺言書の検認は実務上の意味は大きいといえます。

遺言書検認の記載例

遺言書

私、○○○○は私所有の一切の財産を長女

○○○○○に全部相続させる。

平成二五年二月五日

東京都○○区○○○○○

遺言者　○○○○　㊞

この遺言書は、平成30年○月○日、平成30年
（家）第○○○号遺言書検認事件として当裁判
所で検認されたことを証明する。

平成30年○月○日
東京家庭裁判所
　　裁判所書記官　　○○○○

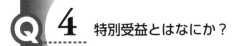

Q4 特別受益とはなにか？

A 共同相続人中に、被相続人から遺贈を受け、又はその生前に婚姻若しくは養子縁組のため若しくは生計の資本として贈与を受けた者がある場合には、その金額を遺産の額に加算して各相続人の相続分を計算します。これを特別受益と呼びます。

解説

1 特別受益制度の趣旨

民法は、共同相続人の種類によって、その相続分を決めています。しかし、共同相続人のなかに、被相続人から利益を受けている者がいる場合には、それを遺産分割にあたって考慮しないと、共同相続人間の公平を欠くことになります。そこで、このような場合に共同相続人間の公平を図る制度として特別受益制度が設けられているのです。

2 特別受益財産がある場合の具体的相続分の計算方法

特別受益があると認められる場合の具体的相続分の計算は、次のとおり行います。

(1) 特別受益財産の評価

特別受益財産をいつの時点で評価するかについては、相続開始時と考えられています（昭和51年3月18日最高裁判決）。したがって、贈与財産が金銭であるときは、その贈与の時の金額を相続開始の時の貨幣価値に換算した価額をもって評価します。

(2) 各相続人の具体的相続分の計算

① 特別受益を受けた相続人の相続分

（相続財産＋特別受益額）×法定相続分－特別受益額

② 特別受益を受けていない相続人の相続分

（相続財産＋特別受益額）×法定相続分

3 特別受益財産の範囲

⑴遺贈は、その目的を問わずすべて特別受益財産とされます。

⑵婚姻、養子縁組のための贈与は、持参金等が典型的なものです。

　婚姻、養子縁組のための贈与であっても、その金額が比較的少額で
あったり、各共同相続人が同額の学資や婚姻費用を受けている場合に
は、特別受益として考慮しないとする判例もあります（昭和35年8月
31日大阪家裁堺支部審判）。

⑶ 生計の資本としての贈与

　通説は、ひろく生計の基礎として役立つような財産上の給付を、生
計の資本としての贈与にあたると解しています。具体的にいくらくら
いの贈与がこれに該当するかは、被相続人の資産状態、贈与の動機、
贈与額などの諸事情を考慮して判断されることになります。

⑷ 生命保険金

　被相続人の死亡を保険事故とする生命保険金請求権は、保険契約に
基づく受取人固有の権利であって、相続財産には含まれません（昭和
40年2月2日最高裁判決）。

　この生命保険金が受取人の特別受益にあたるか否かについては、平
成16年10月29日最高裁判決により、「原則として、民法903条1項に
規定する遺贈又は贈与に係る財産には当たらないが、相続人とその他
の共同相続人との間に生ずる不公平が民法903条の趣旨に照らし到底
是認することができないほどに著しいものであると評価すべき特段の
事情が存する場合には、同条の類推適用により、特別受益に準じて持
戻しの対象となる。」と考えられています。

⑸ 死亡退職金等の遺族給付

　死亡退職金等の遺族給付も生命保険金と同様に、受取人の固有の権
利であり、相続財産には含まれないと解されています。

死亡退職金が、特別受益にあたるかについても学説、判例は分かれ
ていますが、近年の判例では特別受益性を否定するものが多いようで
す。

4　特別受益の持ち戻しの免除

特別受益財産を遺産に加算することを「持ち戻し」と言いますが、こ
れは、共同相続人間の公平を図るともに、それが被相続人の意思に合
致していると考えられるからです。

したがって、被相続人が持ち戻し免除の意思を表示した場合には、
遺留分の規定に反しない限り、その意思に従うことになります。

判例では、被相続人が遺言等によって、明示的に持ち戻し免除の意
思表示をした場合にとどまらず、黙示の持ち戻し免除の意思表示をか
なり広く認めています。

Q 5 寄与分とはなにか？

A 寄与分とは、共同相続人中に、被相続人の財産の維持又は増加について、特別の寄与をした者がある場合に、その寄与相続人に対し、法定相続分以上の財産を取得させる制度です。

解 説

1 寄与分とは

　寄与分とは、共同相続人中に、被相続人の財産の維持又は増加について、特別の寄与をした者がある場合に、その寄与相続人に対し、法定相続分以上の財産を取得させる制度で、相続人間の実質的な公平を図るための制度です。

　寄与分というと、被相続人の生前に世話をした場合などが考えられますが、法律上は、要件が厳しく定められており、具体的には、次の要件を満たす必要があります。

　　① 寄与行為をしたのが、共同相続人であること
　　② 寄与行為によって、被相続人の財産が維持又は増加したこと
　　③ 寄与行為が特別の寄与であること

2 共同相続人であること

　寄与行為をしたのが、共同相続人である必要があります。この点で問題が生じやすいのは、相続人の配偶者や子どもが被相続人の世話をしたという場合です。この場合、厳密に言えば共同相続人自身の寄与行為ではありませんが、相続人の履行補助者による寄与と評価することも可能であることから、寄与分が認められた例もあります。

3 被相続人の財産が維持又は増加したこと

　寄与者の行為によって、被相続人の財産が維持又は増加したことが必要となります。したがって、精神的な援助があったというだけでは寄与分は認められません。

　また、相続人の寄与行為によって被相続人の財産が増加したものの、その後被相続人の失敗で財産が減少した場合には、寄与分は認められないと考えられています。

4 特別の寄与であること

　被相続人と寄与者の身分関係に基づいて通常期待されるような程度を超える貢献でなければ、特別の寄与とは認められません。

　寄与者となるのは相続人である必要があることから、被相続人の配偶者や子どもが寄与者になることがほとんどです。しかしながら、配偶者には夫婦間の協力扶助義務があり、また、親子間には扶養義務があることから、通常の夫婦間・親子間の扶助・扶養は特別の寄与とはいえないと考えられています。

　また、寄与行為について対価を得ていた場合には、対価を上回る寄与といえなければ、特別の寄与とは認められません。

　この点でよく問題となるのが、子どもが複数いるのに特定の子どものみが親の介護を行ったというケースです。こうしたケースでは、親の介護を行った子は寄与分を主張したいと考えるのが通常ですが、寄与分が「特別の寄与」を必要としていることから、容易には認められないというのが実情であるため、当人にとって不満が残る結果となることもあります。

5 寄与分の類型

　寄与分について相続人間で協議が調わない場合、家庭裁判所が寄与分について審判で決めます。

　寄与分の類型としては、以下のものがあります。

① 家業従事型

被相続人の営む事業に、無報酬あるいはそれに近い状態で従事した場合

② 金銭等出資型

被相続人やその事業に対し、財産などを提供した場合

③ 療養看護型

被相続人の療養看護を行い、被相続人が医療費や看護費用の支出を免れた場合

④ 扶養型

特定の相続人のみが被相続人の扶養をし、被相続人が支出を免れた場合

⑤ 財産管理型

被相続人の財産を管理し、被相続人の財産の維持形成に寄与した場合

6　寄与分がある場合の計算

寄与分がある場合に、具体的にどのように遺産分割がなされるかについて、具体的な計算方法を説明します。

相続人は、妻A、長男B、長女Cの3人で、相続財産は6,000万円という事例で考えてみます。

審判では、長女Cがもっぱら被相続人の療養看護をしたということで、Cについて相続財産の5分の1である1,200万円の寄与分が認められました。

この場合に、みなし相続財産は、6,000万円－1,200万円＝4,800万円となります。

そして各自の具体的相続分は、次のようになります。

A　4,800万円×2分の1＝2,400万円

B　4,800万円×4分の1＝1,200万円

C　4,800万円×4分の1＋1,200万円＝2,400万円

この例のように、寄与分は、一般的には、相続財産に対する割合で決められることが多くなっています。

7　寄与分の主張方法

遺産分割調停・審判がすでに申し立てられている場合に、寄与分を主張する場合には、遺産分割事件とは別に寄与分を定める調停・審判を申し立てる必要があります。

寄与分を定める調停・審判の申立てがない場合、当事者がいくら自己の寄与分を主張したとしても（他の相続人よりも多くの財産の取得を求めたとしても）、家庭裁判所は寄与分の審判をすることができません。

Q6 遺留分減殺請求とはなにか？

A 遺留分とは、一定の範囲の相続人に一定の割合にて相続財産を取得することを認める制度をいいます。遺留分を侵害された場合、遺留分権利者は、遺留分を保全するための必要な限度で遺贈（「特定の遺産を特定の相続人に相続させる」旨の遺言の場合も同じ）及び贈与の減殺を請求できます。

解 説

1 遺留分制度

　遺留分は、一定の範囲の相続人に一定の割合にて相続財産を取得することを認める制度です。遺留分制度は、遺言者にとっては、遺言の自由についての制限を意味しますが、遺留分権利者となる相続人にとっては、遺言がある場合においても、最低限の相続財産について取得できることを保障する意味を持ちます。

　わが国では、遺留分は、兄弟姉妹及びその代襲者以外の相続人に対して認められており、遺留分となる相続財産の割合は、直系尊属のみが相続人のときは、相続財産の3分の1、その他の者が相続人であるときは相続財産の2分の1とされています。

2 遺留分減殺請求

　(1)遺留分権利者及び承継人は、遺留分を侵害された場合、遺留分を保全するための必要な限度で遺贈（「特定の遺産を特定の相続人に相続させる」遺言の場合も同様と解されます）及び贈与の減殺を請求することができるとされています。この請求を遺留分減殺請求といいます。

　(2)遺留分減殺請求権を行使できるのは、遺留分権利者及び承継人と

されています。遺留分権利者の債権者は、代位行使できないとされています（平成13年11月22日最高裁判決）。

(3)遺留分減殺請求は、受贈者、受遺者、遺言により遺産を相続する者に対する意思表示によって行えばよく、通常は、内容証明郵便により行われます。必ずしも裁判上の請求をしなければならないものではありません。なお、遺言執行者がある場合には、遺言執行者に対しても減殺を請求することが通常です。

3　減殺の順序、割合等

(1)遺留分の減殺の順序としては、贈与は、遺贈を減殺した後でなければ減殺できません。

(2)遺贈は、目的の価額の割合に応じて減殺されます。ただし、遺言者が遺言に別段の意思表示をしたときは、その意思に従います。

(3)贈与の減殺は、後の贈与から順次前の贈与に対して行われます。

4　遺留分権利者に対する価額による弁済

遺留分権利者から遺留分減殺の請求を受けた受贈者及び受遺者は、減殺を受ける限度において、贈与又は遺贈の目的の価額を遺留分権利者に弁済して返還の義務を免れることができます。

5　減殺請求権行使の期間の制限

減殺の請求権は、遺留分権利者から、相続の開始及び減殺すべき贈与又は遺贈があったことを知った時から1年間行使しないときは時効によって消滅します。また、相続開始の時から10年を経過したときも、同様とされます。

6　遺留分の放棄

相続の開始前における遺留分の放棄は、家庭裁判所の許可を得たときに限り、効力を生じます。相続の開始後における遺留分の放棄は、

家庭裁判所の許可を必要とせずに、自由にできます。

　また、共同相続人のうちの1人がした遺留分の放棄は、他の共同相続人の遺留分には影響を及ぼしません。

Q.7 遺産分割協議、遺産分割調停とはなにか？

A 相続人が数人あるとき、相続財産は共有となりますが、この共有関係を終了させるのが遺産分割です。

遺産分割手続には、大別して、指定分割、協議分割、審判分割の3種類があります。この協議分割として共同相続人間で行われるのが遺産分割協議です。そして、遺産分割協議のうち裁判所の調停手続において共同相続人間の合意形成を行うのが、遺産分割調停です。

解 説

1 遺産分割協議

遺産分割協議とは、相続人全員の合意で、被相続人の遺産の分け方を決めることをいいます。裁判所の手続によらないで、共同相続人間の合意で遺産分割協議を成立させることもできますし、裁判所の調停手続において遺産分割協議を成立させることもできます。相続人全員の合意であることが必要であり、相続人のうち1名でも欠けていれば遺産分割協議は原則として無効となります。

なお、遺言書が存在していて、その遺言において遺産のそれぞれについて相続人の誰が取得するかが明定されている場合には、遺産分割方法の指定により遺産分割協議は不要となります（指定分割）。

また、裁判所における調停手続を経ても、遺産分割協議が成立しないときは、裁判所の遺産分割審判によって強制的に遺産分割の実現・解決を図ることができます（審判分割）。

2 裁判所における遺産分割調停の手続

(1) 申立人

共同相続人、包括受遺者、相続分譲受人は、遺産分割調停の申立てをすることができます。

(2) 裁判所

相手方のうちの1人の住所地の家庭裁判所又は当事者が合意で定める家庭裁判所に対して申立てを行います。

(3) 申立てに必要な費用

被相続人1人につき収入印紙1,200円分（平成29年12月現在）と連絡用の郵便切手（申立てをする家庭裁判所に金額を確認することとなります。なお、各家庭裁判所のウェブサイトに掲載されていることもあります）が必要になります。

(4) 申立てに必要な書類

ア　申立書1通及びその写しを相手方の人数分用意する必要があります。

イ　添付書類としては、被相続人の出生時から死亡時までがわかる戸籍・除籍謄本等、相続人全員の戸籍謄本、住民票又は戸籍附票、不動産登記事項証明書、預貯金通帳の写し又は残高証明書、有価証券の写し等が必要となります。

その他、事案に応じて家庭裁判所より書類の追加提出を求められる場合があります。

(5) 調停期日

遺産分割調停の申立てがなされると、家庭裁判所において調停期日が開かれます。調停期日は、調停委員会（裁判官1名、調停委員2名の計3名にて構成されます）が運営して進められます。実際の調停期日は、調停員2名が立ち会って進められることが多いといえます。手順としては、以下の順で遺産分割調停が進行します。

① 相続人の範囲の確定

② 相続分の確定

③ 遺産の範囲の確定

④ 遺産の評価

⑤　特別受益者と特別受益額の確定

⑥　寄与相続人と寄与分の確定

⑦　⑤⑥をふまえて、相続開始時の具体的な相続分率の算出

⑧　具体的相続分率を、遺産分割時における遺産評価額に乗じて遺産分割取得分額を算出

⑨　遺産分割方法の決定

⑹　調停の成立

　調停期日において、共同相続人間に遺産分割協議が成立したときは、裁判所において調停調書が作成されます。

　調停調書に記載された調停条項は、確定した審判と同一の効力を有するとされ、金銭の支払い、物の引渡し、登記義務履行等について執行力ある債務名義と同一の効力を有します。

Q **8** 遺産分割審判とはなにか？

A 　遺産分割審判とは、裁判所の審判により強制的な遺産分割を行うことをいいます。

解 説

1　遺産分割審判

　家庭裁判所の調停手続において、遺産分割の話合いがまとまらず調停不成立となった場合には、自動的に審判手続が開始され、裁判官が遺産に属する物又は権利の種類及び性質その他一切の事情を考慮して、遺産分割の審判をすることになります。なお、まれではありますが、遺産分割調停手続を経ないで、遺産分割審判の申立てにより、遺産分割審判手続が開始されることもあります。

　このように裁判所の審判によって、遺産分割を強制的に定めるのが、遺産分割審判です。

2　遺産分割審判手続

⑴　遺産分割審判手続の開始

　遺産分割調停が不成立となったときは、自動的に遺産分割審判手続が開始されます。

　なお、法律制度上は、遺産分割審判には、調停前置主義はとられておらず、遺産分割調停申立てをせずに、いきなり遺産分割審判の申立てをすることもできることとされています。しかし、遺産分割審判申立てをしても、裁判所の職権にて、遺産分割調停に付されるのが通常であり、実際上は、調停前置の運用がなされているといえます。調停を経ずに遺産分割審判手続が開始されるのは、調停に付しても調停成

立の見込みがない特別な事情のある場合のみです。

(2) 遺産分割審判の申立てと審判

遺産分割調停申立てをしていた場合には、調停不成立により、当然に、審判へ移行しますから、審判の申立ては不要です。

遺産分割審判をいきなり申立てする場合の申立人、管轄裁判所、添付書類等は、遺産分割調停の申立ての項（Ｑ７参照）に記したのと同様です。なお、管轄裁判所は、遺産分割調停申立てについては、相手方の住所地を管轄する家庭裁判所又は当事者が合意で定める家庭裁判所ですが、遺産分割審判申立てについては、相続開始地（被相続人の最後の住所地）を管轄する家庭裁判所又は当事者が合意で定める家庭裁判所となっており、違いがあるので注意を要します。

審判期日については、調停申立ての項（Ｑ７の**2**参照）に記した事項について、当事者双方が提出した証拠等に基づいて、裁判官が認定、判断をしたうえ、裁判官が遺産分割の内容を定める審判を下すこととなります。

(3) 審判と不服申立て

審判期日での審理が終了すると、裁判官は、最終的な遺産分割の審判をすることになります。

裁判所において審判書が作成され、審判書が当事者に交付されます。家庭裁判所の審判に不服がある当事者は、審判に対する即時抗告の申立てを高等裁判所にすることができます（審判書受領の日から２週間以内）。

高等裁判所は、即時抗告の申立てに対して、抗告申立てを認めて、原審の審判内容を変更する決定、原審へ差し戻す決定、あるいは、抗告申立てを却下する等の決定などをすることになります。

さらに、高裁の決定に不服がある場合には、最高裁への特別抗告及び許可抗告等の申立てをすることができますが、それらの申立てをするためには所定の要件が必要とされています。

すなわち、最高裁への特別抗告の申立てをするには、高等裁判所の

家事審判事件の決定について憲法解釈の誤りがあること、その他憲法の違反があることを理由とする場合に限られます。

また、許可抗告は、高等裁判所の決定について、最高裁判所の判例（これがない場合は、大審院又は上告裁判所の判例）と相反する判断がある場合その他の法令の解釈に関する重要な事柄を含むと認められる場合に、高等裁判所が最高裁判所への抗告を許可した場合に限り認められます。

Q 9 法定相続情報証明制度とはなにか？

A 法定相続情報証明制度とは、登記所（法務局）に戸籍・除籍謄本等を提出し、併せて相続関係を一覧に表した図（法定相続情報一覧図）を出して、登記官がその一覧図に認証文を付した写しを交付するという制度です。平成29年5月29日から全国の登記所（法務局）においてこの「法定相続情報証明制度」が始まりました。

これを利用すると各種相続手続において何度も戸籍・除籍謄本を出し直す必要がなくなり、相続手続が比較的簡単にできることとなりました。

解説

1 法定相続情報証明制度

従前、相続手続では、登記の変更、預金の解約、払戻し、証券の解約、名義変更、その他の各種手続の際、それぞれの取扱い窓口へ、被相続人の戸籍、改製原戸籍等の一切をそれぞれ提示・提出をする必要がありました。

法定相続情報証明制度では、登記所（法務局）に対して、戸籍・除籍謄本等とともに、相続関係を一覧に表した図（法定相続情報一覧図）を提出することで、登記官からその一覧図に認証文を付した写しを無料で交付を受けることができます。

この写しを利用することで、その後の相続手続において（登記以外の窓口においても）、いちいち戸籍・除籍謄本を何度も提出する必要がなくなります。

2 具体的な手続

(1) 申出人

申出人は、被相続人の相続人（又はその相続人）です。申出は、申出人からの委任による代理人に依頼して行うこともできます。委任による代理人は、親族のほか、弁護士、司法書士、土地家屋調査士、税理士、社会保険労務士、弁理士、行政書士などに依頼できます。

(2) 必要書類

被相続人の出生から亡くなるまでの戸籍・除籍謄本などです。

(3) 法定相続情報一覧図

被相続人及び戸籍・除籍の記載から判明する相続人を一覧にした図を作成して、登記所（法務局）へ提出する必要があります。

(4) 申出書等の提出

申出書に必要事項を記入し、戸籍・除籍謄本等、法定相続情報一覧図と合わせて、登記所（法務局）へ提出して申出をします。

(5) 提出先の登記所

次の土地を管轄する登記所のいずれかに申出をすることができます。

① 被相続人の本籍地（死亡時の本籍）

② 被相続人の最後の住所地

③ 申出人の住所地

④ 被相続人名義の不動産の所在地

なお、申出書等は、登記所へ持参することもできますし、郵送することもできます。返信用封筒、郵便切手を同封して、一覧図の写、戸籍・除籍謄抄本等の返却をしてもらうこともできます。

3 留意すべき点

(1)法定相続情報証明制度は、登記所（法務局）における手続ですが、相続登記だけに限らず、銀行、証券、その他の相続手続全般に利用することができます。

法定相続情報証明制度に基づく法定相続情報一覧図が、銀行などの

金融機関、証券会社等へ提出された場合には、金融機関、証券会社等としては、戸籍・除籍謄抄本の提出がなされなくても、法定相続情報一覧図に基づいて法定相続人として取り扱われることが期待されています。

(2)被相続人や相続人が日本国籍を有しないなど、戸籍・除籍謄抄本を提出することができない場合は、この制度を利用することができません。

(3)法定相続情報一覧図に相続人として記載されていても、相続放棄、相続廃除等がなされている場合には、相続人となりません。

(4)遺言書が存在していたり、遺産分割協議がなされている場合には、法定相続情報一覧図に相続人として記載されていても、具体的な相続を受けられない場合もあります。

(5)法定相続情報一覧図は、申出日の翌年から起算して5年間が保存期間とされていますので、この間であれば再交付を受けることができますが、その期間が経過すると、再交付を受けることができなくなります。

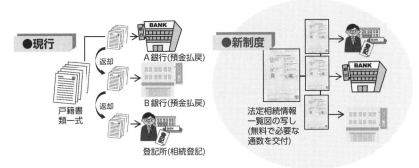

(出所)法務省ホームページ

法定相続情報一覧図の例（法定相続人が配偶者と子のケース）

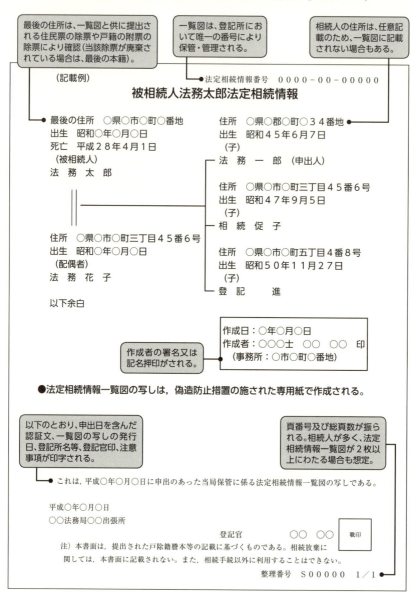

(出所)法務省ホームページ

Q10 仮分割の仮処分とはなにか？

A 　仮分割の仮処分とは、遺産分割の審判又は調停の申立てがあった場合において、強制執行を保全し、又は事件の関係人の急迫の危険を防止する必要があるとき、その申立てをした者又は相手方の申立てにより、遺産分割の審判を本案に、家庭裁判所が命ずる遺産の仮分割の仮処分をいいます。預金が遺産分割の対象となることにより、原則として、遺産分割終了時まで、預金の払戻しができなくなることによって生ずる不都合を是正するため、必要な費用の支出につき仮分割の仮処分制度を活用することが考えられます。

解　説

1　仮分割の仮処分と預貯金払戻し

　遺産分割の対象となる預貯金債権は、遺産分割までの間、共同相続人全員が共同して行使しなければならないとされています（平成28年12月19日最高裁大法廷決定）。そうすると、遺産分割がなされるまでの間、被相続人から扶養を受けていた相続人は生活費をまかなうことができないとか、被相続人の債権者から相続人に対して債務弁済の請求があったときに相続人は弁済することができない等の、不都合が生じることがあります。

　そのような遺産分割前に預貯金を払い戻す必要が出てきた際に、そのために仮分割の仮処分制度を活用することが考えられます（上記最大決の共同補足意見）。

2　仮分割の仮処分の手続と要件

　(1)原則として全相続人を当事者として行う必要があります。すなわ

ち、預貯金の一部を仮に取得したいと求める者が申立人となり、その他の相続人全員が相手方となります。

(2)遺産分割の審判又は調停の申立てを行う必要があります。

(3)事件の関係人の急迫の危険を防止するため必要があるときという要件を満たす必要があります。その例としては、

① 相続人の生活費としてどうしても必要である

② 公租公課その他相続債務の支払いのためにどうしても必要である

③ 葬儀費用等の支払いのためにどうしても必要である

等の場合が考えられます。

なお、上記②③については、遺産分割成立前に安易に認めてしまうと、本案の遺産分割手続において調整不可能な事態を招くことがありうるとして、仮分割の仮処分命令の発令に慎重な考え方があります。

上記②③については、仮分割の仮処分申立てのほかに、全相続人間で遺産の一部について支払合意するという一部分割調停を活用することも考えられます。

⑷ 仮分割仮処分審判

家庭裁判所が仮分割仮処分の申立てを認容する場合には、仮分割仮処分の審判をします。その審判書主文には、

---

1. 被相続人〇〇〇の遺産である別紙債権目録記載1の預金債権を同目録記載2のとおり申立人に取得させる。
2. 申立人は別紙債権目録記載1の金融機関から前項の取得額の払戻しを受けることができる。
3. 手続費用は……の負担とする。

などと記されます。

金融機関としては、申立人から仮分割仮処分命令正本が提出されたときは、仮分割仮処分命令正本主文に基づいて、預金の払戻しをすることになります。

3　仮払いの仮処分

　金融機関を仮処分の当事者たる債務者として仮払いの仮処分を求めるという考え方もありますが、遺産分割事案については、原則として金融機関を直接の債務者（仮処分の当事者）とする仮払いの仮処分は認められないと考えます。

第**2**章

相続預金の管理

Q11 金融機関が預金者が死亡したことを把握した場合、どのような対応をすべきか？

A 預金者が死亡した事実を登録し、全店において、その死亡者名義の普通預金、定期預金等すべての預金について、払戻しができないようにすべきです。また、届出人から、死亡日、相続人の範囲、遺言の有無、届出人の連絡先等を聴取して、相続手続に必要な情報を得るように努めるべきです。

解 説

1 預金債権の相続

人が死亡すると相続が開始され、民法896条は、「相続人は、相続開始の時から、被相続人の財産に属した一切の権利義務を承継する。ただし、被相続人の一身に専属したものは、この限りでない。」と定めています。したがって、預金者が死亡すると、死亡時からその預金債権は相続人が承継することになります。

ですから、預金者の相続人が判明し、誰が預金を取得するかが確定するまで、死亡した預金者の預金は、払戻し等ができないことになります。

2 平成28年12月19日最高裁大法廷決定

従来の判例では、預貯金債権は相続開始と同時に各相続人の相続分に応じて当然に分割債権として承継され、遺産分割の対象からは除外され、各相続人はそれぞれ自己の相続分に応じて承継した分割債権を単独で行使することができると解されていました（昭和29年4月8日最高裁判決、昭和34年6月19日最高裁判決、平成16年4月20日最高裁判決）。ですから、各相続人が金融機関に対して相続分に応じた預金

の払戻請求をした場合には、金融機関はこれに応ずる場合もありました。

しかし、平成28年12月19日最高裁大法廷決定は、この従来の判例を変更して、「共同相続された普通預金債権、通常貯金債権及び定期貯金債権は、いずれも相続と同時に当然に相続分に応じて分割されることはなく、遺産分割の対象となるもの」と判示しました。

また、平成29年4月6日最高裁判決は、定期預金債権、定期積金債権についても、同様に遺産分割の対象となり、遺産分割前に相続分に応じた払戻しを求めることはできないと判示しました。

したがって、金融機関は、原則として、遺産分割によって、預金の取得者が確定するまで、各相続人からの預金の払戻しに応ずることはできなくなりました。

3　預金者の死亡を知った後の預金の払戻し

金融機関が預金者死亡の通知を受ける等によって、預金者の死亡の事実を知っていたのに、窓口担当者が誤って預金の払戻しをした場合には、金融機関が善意無過失で、債権の準占有者に対する弁済として、免責される可能性はきわめて低いと言えるでしょう。したがって、金融機関が二重払いの危険を負担することがないように、金融機関が預金者死亡の事実を知った場合には、預金の払戻しは厳に中止することが重要です。

Q12 相続が生じたのち、口座振替や住宅ローンの引落しをすることはできるか？

A 預金者死亡後、原則として口座振替や住宅ローンの引落しはできません。

解説

1 口座振替

預金者の預金口座からの公共料金や税金の口座振替は、預金者の金融機関に対する口座振替事務の委託であり、準委任契約です。

委任契約、準委任契約は、委任者の死亡により終了します。したがって、原則として、預金者の死亡後に口座振替によって預金者の口座から引落しをすることはできません。金融機関が預金者の死亡の事実を知った場合には、原則として、①口座振替を終了させる、②相続人全員の同意を得て口座振替を継続する、③相続人との間で口座振替契約を締結し直すのいずれかの手続をとることになります。

しかし、委任における当事者間の信頼関係は委任事務の性質によっては、死亡によって終了させないことが妥当な場合もあります。

したがって、委任者死亡後も委任を継続させるとの当事者意思が推認される委任事務については、委任者死亡後も一定期間継続させることもできます。

公共料金等の比較的低額の口座振替は、一定期間であれば、口座振替を継続させることもありえます。

2 事務管理としての効力

判例では、預金者が生前、税金の支払いに関する自動振替契約をしていたところ、金融機関が預金者死亡後でかつ死亡の事実を知った後

に、預金者の普通預金口座から所得税約1,959万円の引落しをした事案について、

「右引落としは、委任者であるCの死亡後に行われたものであるが、委任者と銀行との間の自動振替の委任契約に基づく裁量の余地のない実行行為であるから、委任者の死亡後は引落としをしない旨の特約があるなどの特別の事情のない限り、委任者の死亡後にも事務管理として行い得る行為であり、右特別の事情の認められない本件においては、右引落としは有効なものであるといえる。」

と判示したものがあります（平成10年6月12日東京地裁判決）。

3　住宅ローンの引落し

住宅ローン債務は、債務者の死亡によって、相続人が承継することになります。また、債務者が団体生命保険契約を締結している場合には、その保険金をもって住宅ローン残金が返済され、債務は消滅することになります。

返済のための口座振替については、受任者の利益のための委任であるため、委任者である預金者死亡後も委任契約は終了せず、口座振替を継続して差し支えないとの考えもあります[※]。しかし、預金者死亡後の口座振替は短期間のものとし、速やかに住宅ローン債務の承継者である相続人と口座振替契約を締結すべきでしょう。

※秦光昭「銀行取引における委任と取引の終了」『手形研究』485号11頁、経済法令研究会、1993年

Q13 相続開始後に入金があった場合、どのように対応すべきか？

A 死亡者の預金口座がある場合には、振込金の処理を保留し、仕向銀行に受取人の死亡を連絡し、仕向銀行を通じて依頼人の意思を確認してその指示に従います。

解説

1 振込の法的性質

振込は、依頼人から振込依頼を受けた銀行（仕向銀行）が、依頼人の指定した受取人の取引銀行（被仕向銀行）に対し、当該受取人の預金口座に一定金額を入金することを委託し、この委託を受けた被仕向銀行が受取人の預金口座にその金額を入金する為替取引です。

そして、振込人と仕向銀行との契約、仕向銀行と被仕向銀行との契約は、いずれも委任契約であると解するのが通説・判例（昭和51年1月28日名古屋高裁判決）です。

また、被仕向銀行と受取人との関係は、

「両者間になされた普通預金に関する約款（普通預金規定）があり、これにより、あらかじめ包括的に、被仕向銀行が現金、手形、小切手その他為替による振込金等の受入れを承諾し、受入れの都度当該振込金を受取人のため、その預金口座に入金し、かつ、受取人もこの入金の受入れを承諾して預金債権を成立させる意思表示をしているものであることが認められ、右契約は、委任契約と消費寄託契約の複合的契約である。」

と解されています（上記判決）。

2　死亡者の普通預金口座に振込があったとき

　死亡者の預金口座がないときには、「入金不能」として仕向銀行に振込金を返還します。

　死亡者の預金口座が残っているときに、被仕向銀行と受取人との関係は、預金者が死亡しても、相続人に承継されるので、約款上は、振込金を普通預金に入金してもかまわないと考えられます。

　しかし、受取人が死亡していた場合には、振込人は振込みをしない場合も考えられます。また、被仕向銀行は、仕向銀行に対し委任契約に基づき善管注意義務を負っています。

　したがって、被仕向銀行は振込金の処理を留保し、仕向銀行に受取人の死亡を連絡し、仕向銀行を通じて依頼人の意思を確認してその指示に従うべきでしょう。

第3章

相続預金等の払戻し対応

Q14 法定相続人が複数いるなかで、法定相続人の1人から、遺産分割が完了する前に、相続預金の払戻請求があった場合、金融機関はこれに応じるべきか？

A 金融機関は、原則として法定相続人の1人からの相続預金の払戻しに応じることはできません。

解説

1 一部の相続人に対して払戻しをすることはできない

被相続人の預金について、相続が生じた場合、相続開始と同時に当然に相続分に応じて分割されることはなく、遺産分割の対象となります（平成28年12月19日最高裁大法廷決定（以下「最大決」）。そして、相続預金の払戻しは、相続人全員の合意によらなければなりません。

したがって、相続人の1人からの払戻請求は、適法な権利行使とは言えないため、金融機関としては相続預金の払戻しに応じることはできません。これは、法定相続人の1人が、相続預金の全額について払戻しをすることができないというだけではなく、相続預金の法定相続分相当額についても払戻しをすることができないということです。

金融機関として、相続預金の払戻しに応じることができるのは、相続人全員の合意がある場合、遺言がある場合、遺産分割審判がなされた場合などに限られます。

相続人全員の合意がある場合とは、典型的には、相続人全員による遺産分割協議書の提出がなされる場合や、相続人全員による相続手続書類の提出がなされる場合です。

ただし、相続手続書類上は、相続人1人からの請求であっても、他の全相続人の同意が別途確認できる場合は、払戻しに応じてもよいと考えられます※。

2　いずれの預貯金についても同様の取扱いとなる

　以上の取扱いは、普通預金、定期預金、通常貯金、定額貯金、定期貯金いずれについても同様です（普通預金、通常貯金、定期貯金に関しては平成28年12月19日最大決、定期預金に関しては平成29年4月6日最高裁判決、定額貯金についても、平成28年12月19日最大決の判旨から同様と考えられます）。

3　一部の相続人に対して払戻しをしてしまった場合の責任

　平成28年12月19日最大決の後に、金融機関が、相続人の1人からの払戻請求に応じて、一部の相続人に対して払戻しを行った場合、原則として金融機関は責任を免れられません。不適法な権利行使による払戻しですし、最大決がある以上、金融機関が払戻しについて善意無過失とは言えず、準占有者弁済として免責されることも基本的には難しいと考えられます。

　したがって、一部の相続人に対して相続預金の払戻しをした後、再度他の相続人から払戻請求を受けた場合、金融機関としては、これに応じなければならなくなる可能性がありえます。このように、相続人の1人からの払戻請求に応じてしまうと、二重払いのリスクがありうるため、注意が必要です。

4　最大決前の実務

　以上の取扱いは、平成28年12月19日最大決が出された後のものであり、従来の取扱いとは異なります。

　従来は、相続により預金債権は可分債権として当然分割となり、法定相続人は、各人が、法定相続分に応じて預金債権を分割取得すると考えられてきました。このため、相続人の1人から金融機関に対して相続預金の払戻請求がなされた場合、金融機関は、原則としては、相続人全員の同意を求めつつも、事情に応じて法定相続分相当額の払戻しに応じてきました。

上記の最大決により、相続預金払戻しに関する実務対応が変更され、従来よりも相続人の1人に対する払戻しに応じることが難しくなった点には留意が必要です。

※浅田隆「相続預金の可分性に関する最高裁大法廷決定を受けて－各界からのコメント－」『金融法務事情』2058号16頁、きんざい、2017年

法定相続人が複数いるなかで、法定相続人の1人から、遺産分割が完了する前に、投資信託の解約依頼があった場合、金融機関はこれに応じるべきか？

A 金融機関は、原則として法定相続人の1人からの投資信託の解約依頼に応じることはできません。

解説

1 投資信託の仕組み

　金融機関が取り扱う投資信託は、通常、金融機関が販売会社であり、投資信託の設定・運用は運用会社が行い、運用会社からの指図に従って、信託銀行が有価証券の売買や管理を行うというものです。顧客には、投資信託の受益権を販売し、金融機関は顧客の受益権を保護預かりします。なお、投資信託及び投資法人に関する法律では、投資信託は、委託者指図型投資信託と委託者非指図型投資信託とに区別されていますが、現在、委託者非指図型投資信託はほとんど利用されていません。

　顧客が期間途中で投資信託の現金化を希望する場合、解約か買取りの方法があります。買取りは販売会社である金融機関において投資信託の受益権を買い取るという方法であり、解約は運用会社を通して信託財産の一部から換金する方法です。

2 一部の相続人では投資信託の解約・買取請求はできない

　被相続人の投資信託の受益権について、相続が生じた場合、相続開始と同時に当然に相続分に応じて分割されることはなく、遺産分割の対象となります（平成26年2月25日最高裁判決）。そして、投資信託の解約は、相続人全員の合意によらなければなりません。

　したがって、相続人の1人からの解約・買取請求は、適法な権利行

使とは言えないため、金融機関としては投資信託の解約・買取請求に応じることはできません。これは、法定相続人の1人が、投資信託のすべてについて解約・買取請求に応じることができないというだけではなく、投資信託の法定相続分相当分について一部解約・買取請求に応じることができないということです。

金融機関として、投資信託の解約・買取請求に応じることができるのは、相続人全員の合意がある場合、遺言がある場合、遺産分割審判がなされた場合などに限られます。

相続人全員の合意がある場合とは、典型的には、相続人全員による遺産分割協議書の提出がなされる場合や、相続人全員による相続手続書類の提出がなされる場合です。

3　いずれの投資信託についても同様の取扱いとなる

現在販売されている投資信託としては、委託者指図型の投資信託（ETF、MRFなどを含む）や外国投資信託がありますが、いずれについても上記と同様の取扱いであり、相続人の一部からの解約・買取請求に応じることはできないと考えられます。

4　一部の相続人に対して解約・買取りをしてしまった場合の責任

平成26年2月25日の最高裁判決の後に、金融機関が、相続人の1人からの解約・買取請求に応じて、一部の相続人に対して解約・買取りを行った場合、原則として金融機関は責任を免れられないと考えられます。不適法な権利行使による解約・買取りであり、解約・買取りは無効であると考えられます。

したがって、一部の相続人に対して解約・買取請求に応じた後、他の相続人から再度解約・買取りの請求がなされた場合、金融機関としては、これに応じなければならなくなる可能性がありえます。このように、相続人の1人からの解約・買取請求に応じてしまうと、二重払いのリスクがありうるため、注意が必要です。

Q16 法定相続人が複数いるなかで、法定相続人の1人から、遺産分割が完了する前に、国債の解約依頼があった場合、金融機関はこれに応じるべきか？

A 金融機関は、原則として法定相続人の1人からの国債の解約依頼に応じることはできません。

解説

1 国債の仕組み

個人向け国債は、国が発行する債券であり、金融機関は国から販売を委託され、顧客に対して販売を行います。そして、顧客が購入した国債は、金融機関において保護預かりされます。具体的には、金融機関の債券取引口座への記帳によって管理されることになります。

国債は、購入から一定期間経過後、満期前であっても中途解約をすることができます。

2 一部の相続人では国債の解約請求はできない

被相続人の国債について、相続が生じた場合、相続開始と同時に当然に相続分に応じて分割されることはなく、遺産分割の対象となります。そして、国債の解約は、相続人全員の合意によらなければなりません。

したがって、相続人の1人からの解約請求は、適法な権利行使とは言えないため、金融機関としては国債の解約・買取請求に応じることはできません。これは、法定相続人の1人が、国債のすべてについて解約・買取請求に応じることができないというだけではなく、国債の法定相続分相当分について一部解約・買取請求に応じることができないということです。

金融機関として、国債の解約・買取請求に応じることができるのは、

相続人全員の合意がある場合、遺言がある場合、遺産分割審判がなされた場合などに限られます。

相続人全員の合意がある場合とは、典型的には、相続人全員による遺産分割協議書の提出がなされる場合や、相続人全員による相続手続書類の提出がなされる場合です。

3　平成26年2月25日最高裁判決

平成26年2月25日最高裁判決は、共同相続された個人向け国債は、相続開始と同時に相続分に応じて分割されることはないと判示しました。

判旨において、当然分割とならないとした理由としては、個人向け国債の額面金額の最低額は1万円とされ、その権利の帰属を定めることとなる社債、株式等の振替に関する法律の規定による振替口座簿の記載又は記録は、上記最低額の整数倍の金額によるものとされており、取扱機関の買取りにより行われる個人向け国債の中途換金も、上記金額を基準として行われるものと解されるとされ、個人向け国債は、法令上、一定額をもって権利の単位が定められ、1単位未満での権利行使が予定されていないことが挙げられています。

4　一部の相続人に対して解約・買取りをしてしまった場合の責任

平成26年2月25日最高裁判決の後に、金融機関が、相続人の1人からの解約請求に応じて、一部の相続人に対して国債を解約してしまった場合、原則として金融機関は責任を免れられないと考えられます。不適法な権利行使による解約であり、解約は無効であると考えられます。

したがって、一部の相続人に対して解約請求に応じた後、他の相続人から再度解約・買取りの請求がなされた場合、金融機関としては、これに応じなければならなくなる可能性がありえます。このように、相続人の1人からの解約請求に応じてしまうと、二重払いのリスクがありうるため、注意が必要です。

Q17 遺言なしに金融機関が相続預金の払戻しに応じる場合、相続人からどのような資料の提出をしてもらうべきか？

A 　原則として、以下のような書類を提出してもらう必要があります。

① 　被相続人の出生から死亡までの除籍謄本、改製原戸籍、戸籍謄本

② 　相続人全員の戸籍謄本

③ 　(a)相続人全員による遺産分割協議書及び印鑑登録証明書
　　(b)相続人全員による相続預金払戻依頼書及び印鑑登録証明書
　　(c)家庭裁判所の調停調書謄本又は審判書謄本及び確定証明書

解　説

1　戸籍謄本

　相続預金の払戻しに関して、①被相続人の出生から死亡までの除籍謄本、改製原戸籍、戸籍謄本と、②相続人全員の戸籍謄本を提出してもらう必要があります。

　除籍謄本とは、戸籍に記載されていた人全員が婚姻や死亡によって戸籍から除かれ、結果としてその戸籍に誰もいなくなった戸籍簿の謄本のことをいいます。

　改製原戸籍とは、改製前の戸籍をいいます。

　除籍謄本、改製原戸籍、戸籍謄本いずれも、相続人であれば、本籍地の市区町村役場において取得することが可能です。

　①被相続人の出生から死亡までの除籍謄本、改製原戸籍、戸籍謄本と、②相続人全員の戸籍謄本は、預金者（被相続人）が死亡したことの確認と、預金者の法定相続人及び法定相続分の確認のために必要となります。

59

被相続人の戸籍に関して、最新のものだけではなく、出生から死亡までが必要とされているのは、最新の戸籍には、過去の親子関係などが記載されていないことがあるためです。たとえば、親子は当初同じ戸籍になりますが、子が結婚した場合、子は新たな戸籍を作成することになります。子が結婚して転籍する際に、親の戸籍に、子が結婚し転籍されたことは記載されるのですが、その後、親が戸籍を移動した場合、新たな親の戸籍には、子の記載はなくなります。このような場合、最新の戸籍を見ただけだと、子どもがいたことなどがわからないということになります。したがって、被相続人の戸籍謄本に関しては、出生から死亡までの全期間についてこれを取得してもらう必要があります。

なお、被相続人の年齢によっては、戸籍謄本が古すぎて、過去のものが市区町村役場に残っていないなどということもありえます。このような場合、被相続人の当時の年齢において、子どもを設けることがおよそ考えられないような場合（たとえば10歳以下など）には、その期間の戸籍謄本の取得を省略するということも考えられます。

2　遺産分割協議書

被相続人の預金について、相続が生じた場合、相続開始と同時に当然に相続分に応じて分割されることはなく、遺産分割の対象となります（平成28年12月19日最高裁大法廷決定）。そして、相続預金の払戻しは、相続人全員の合意によらなければなりません。

そこで、相続人全員が払戻しを請求したことを確認する書類として、遺産分割協議書や相続預金払戻依頼書の提出を受ける必要があります。

そして、相続人本人が、遺産分割協議書や相続預金払戻依頼書に署名押印したことの確認のため、相続人各人の印鑑登録証明書の提出を受ける必要があります。

3 調停調書謄本

　家庭裁判所における遺産分割調停において、相続人間に合意が成立すると、裁判所の調書に記載がなされます。この調書の記載は、確定判決と同一の効力を有します。

　上記のとおり、被相続人の預金について払戻しをするには、相続人全員の合意が必要ですが、遺産分割調停も、相続人全員の合意によって成立しますので、調停調書謄本を提出してもらうことによって、払戻しをすることも可能です。

4 遺産分割審判

　家庭裁判所における遺産分割審判において、審判が確定すると、審判内容に沿った効力が生じます。審判は確定することが必要ですので、審判書謄本と確定証明書を提出してもらう必要があります。

　審判書謄本及び確定証明書を提出してもらうことによって、払戻しをすることも可能です。

Q18
金融機関が遺言により相続預金の払戻しに応じる場合、相続人からどのような資料の提出をしてもらうべきか？

A 原則として、以下のような書類を提出してもらう必要があります。

① 遺言書

② （公正証書遺言以外の遺言の場合）検認済証明書

③ 被相続人の戸籍謄本

④ 預金を相続する者の印鑑登録証明書

解 説

1 遺言書

遺言による相続預金の払戻しをする場合には、当然のことながら、遺言書の提出が必要になります。

公正証書遺言の場合には、公正証書遺言の正本又は謄本を提出してもらうことになります。

公正証書遺言を作成すると、原本は作成した公証役場で保管され、正本と謄本が遺言者に交付されます。

謄本とは、原本の内容を記載した写しをいい、正本とは、謄本の一種ですが、原本と同じ効力のあるものをいいます。

相続預金の払戻しに際しては、正本、謄本のいずれの提出であっても問題ないと考えられます。

遺言者死亡時において、公正証書遺言の正本も謄本も紛失している場合、相続人は、公証役場に謄本の交付を申請することが可能です。

2 検認済証明書

公正証書遺言以外の遺言の場合には、家庭裁判所において検認手続

を行い、遺言書に検認済証明書を付けてもらう必要があります。

　検認とは、相続人に対して遺言の存在や内容を知らせるとともに、検認期日において遺言書の状態を確認して遺言書の偽造や変造を防止するための手続をいいます（検認期日において、裁判所において遺言書の状態を確認するため、それ以降の偽造や変造ができなくなるということです）。

　検認によって、遺言の有効性が確認されるわけではありませんが、相続登記手続においても、遺言書の検認を要求されており、相続預金の払戻手続においても、実務上、検認をすることが必要とされています。

　検認は、遺言者の最後の住所地にある家庭裁判所に対して行う必要があります。必要書類として、家庭裁判所から相続人に対して、検認期日の通知を行うため、被相続人の出生から死亡までの戸籍謄本が必要となります。後述のとおり、相続預金の払戻しの際には、被相続人の出生から死亡までの戸籍謄本は必要にはなりませんが、検認手続をするために、これらの書類が必要になります。したがって、相続人が、出生から死亡までの戸籍謄本を取得しないで済むには、検認手続が不要な公正証書遺言しかないということになります。

　検認の申立てをしてから、通常は1か月から1か月半程度で検認期日が指定され、検認期日後、直ちに検認済証明書を取得することができます。

3　被相続人の戸籍謄本

　被相続人の戸籍謄本により、被相続人が死亡していることを確認します。被相続人の死亡により、遺言は効力を発生することになるため、被相続人が死亡していることを確認することが必要になります。

　遺言がない場合の相続預金の払戻しの場合、被相続人の死亡から出生までの戸籍謄本が必要でしたが、遺言がある場合には、被相続人の戸籍謄本の提出だけで足りると考えられます。

これは、遺言がない場合には、相続預金の払戻しにあたり、法定相続人と法定相続分の確認が必要であったのに対し、遺言がある場合には、遺言に預金を相続すると記載された者に払戻しをすれば足り、法定相続人や法定相続分の確認は不要と考えられるためです。

4　預金を相続する者の印鑑登録証明書

　相続人の本人確認及び相続人本人が相続預金を取得する意思があることを確認するため、印鑑登録証明書の提出が必要になります。

Q19 一部の相続人が相続放棄をした場合、相続預金の払戻しにはどのように対応すべきか？

A 相続放棄をした相続人に関して、相続放棄申述受理証明書を提出してもらう必要があります。相続放棄により法定相続人が変わる場合もあることから、注意が必要です。

解説

1 相続放棄

相続放棄とは、相続人が相続開始による包括承継の効果を消滅させる意思表示をいいます。

相続放棄をすると、放棄した相続人は、その相続に関しては最初から相続人にならなかったものと扱われます。

相続放棄をする場合、放棄を希望する相続人は、被相続人の最後の住所地にある家庭裁判所に対して、自己のために相続が開始したことを知ったときから3か月以内に、相続放棄の申述を行う必要があります。

家庭裁判所が相続放棄の申述を受理した場合、申述人は、相続放棄申述受理証明書の交付を受けることができます。

相続放棄をする理由は、資産より債務が超過している場合が代表例ですが、それ以外にも、被相続人から生前贈与を受けていた場合や、相続人同士で関わり合いを持ちたくない場合など、さまざまです。

2 相続預金の払戻し

相続預金の払戻しに際して、一部の相続人が相続放棄をしている場合には、相続放棄をした相続人に関して、相続放棄受理証明書を提出してもらう必要があります。

上述のとおり、相続放棄をすると、最初から相続人にならなかったものと扱われますので、相続放棄をした相続人以外の相続人からは、相続人全員による遺産分割協議書などを提出してもらう必要があります。

　たとえば、被相続人Ａが死亡し、相続人が妻Ｂと子Ｃ、子Ｄの場合で、子Ｄが相続放棄をしたケースを考えると、以下の書類を提出してもらう必要があります。

① 　子Ｄの相続放棄申述受理証明書
② 　被相続人Ａの出生から死亡までの除籍謄本、改製原戸籍、戸籍謄本
③ 　相続人全員（Ｂ、Ｃ、Ｄ）の戸籍謄本
④ 　相続人全員（Ｂ、Ｃ）による遺産分割協議書及び印鑑登録証明書

3　法定相続人が変わる場合

　相続放棄により、法定相続人が変わる場合がありますので、注意が必要です。

　たとえば、被相続人Ａが死亡し、相続人が妻Ｂと子Ｃの場合で、子Ｃが相続放棄をしたケースを考えます。

　この場合、子Ｃの相続放棄により、第一順位である子の相続人はいなくなります。仮に子Ｃの子（被相続人の孫）として、Ｄがいる場合にも、相続放棄によって代襲相続は生じませんので、Ｄは相続人にはなりません。

　第一順位である子の相続人がいなくなると、次は第二順位の親がいるかを確認する必要があり、第二順位である直系尊属（親など）がいなければ、第三順位であり兄弟姉妹がいるかを確認する必要があります。

　このように、相続放棄をすることにより、当初と法定相続人が異なってくる可能性があります。

　法定相続人が変わる場合には、当然、新たに法定相続人になった者

の戸籍謄本や、その者との間での遺産分割協議書が必要になります。

　たとえば、上記のケースで、被相続人の直系尊属はすでに死亡しているものの、弟としてEがいる場合、以下の書類を提出してもらう必要があります。

① 　子Cの相続放棄申述受理証明書

② 　被相続人Aの出生から死亡までの除籍謄本、改製原戸籍、戸籍謄本

③ 　相続人全員（B、C、E）の戸籍謄本

④ 　相続人全員（B、E）による遺産分割協議書及び印鑑登録証明書

「相続放棄申述受理証明書」の記載例

相続放棄申述受理証明書

事 件 番 号 　　　　　平成○○年(家)第○○○号

申述人氏名 　　　　　○○　　○○

被相続人氏名 　　　　○○　　○○
本　　　　籍 　　　　○○県A市B

申述を受理した日 　　平成○○年○○月○○日

上記のとおり証明する。

平成○○年○○月○○日
東京家庭裁判所家事第○部○係
裁判所書記官　　○○　　○○

第3章

相続預金等の払戻し対応

67

Q **20** 限定承認がなされた場合、相続預金の払戻しにはどのように対応すべきか？

A 相続財産管理人である相続人に対して、相続預金を払い戻す必要があります。金融機関が相続債権者である場合には、相続預金と相殺することも可能と考えられます。

解 説

1 限定承認

限定承認とは、相続人が、相続によって得た財産の限度においてのみ被相続人の債務及び遺贈を弁済すべきことを留保して、相続の承認をすることをいいます。

限定承認を行うと、相続人としては、被相続人の債権者や受遺者に対して、相続財産の限度においてのみ責任を負えばよくなり、自己の財産から責任を負う必要はなくなります。

限定承認は、共同相続人全員が共同して行う必要があり、熟慮期間内に相続財産の目録を作成して家庭裁判所に提出して、限定承認をする旨を申述する必要があります。

相続人が数人いる場合に、限定承認の申述が受理されると、家庭裁判所は、相続人のなかから相続財産管理人を選任します。この相続財産管理人が、相続財産の管理及び債務の弁済に必要な一切の権限を有します。

限定承認者は、限定承認をした後5日以内に、すべての相続債権者及び受遺者に対し、限定承認をしたこと及び2か月内にその請求の申出をすべき旨を官報により公告する必要があるとともに、知れている相続債権者及び受遺者に対しては、各別にその申出の催告をする必要があります。

一方、相続債権者としては、公告期間内に請求の申出をする必要があります。請求の申出をしなかった場合、残余財産についてしか権利を行使することができなくなり、申出をした債権者より劣後してしまいます。

公告期間満了後、限定承認者は、相続財産をもって、その期間内に請求の申出をした相続債権者その他知れている相続債権者に、それぞれその債権額の割合に応じて弁済をする必要があります。そして、相続債権者に弁済した後、受遺者に弁済を行います。

2　相続預金の払戻し

上述のとおり、相続人が数人いる場合に、限定承認の申述が受理されると、相続人のなかから相続財産管理人が選任されます。そして、相続財産管理人が、相続財産の管理及び債務の弁済に必要な一切の権限を有しますので、相続預金の払戻しは、この相続財産管理人である相続人に対して行う必要があります。

他の相続人は、相続財産に対する管理処分権限を失ったものと考えられますので（昭和44年1月29日京都地裁判決）、他の相続人に対して相続預金の払戻しをすることはできません。

3　金融機関が相続債権者である場合

金融機関が被相続人に対して貸金債権を有していたなど、相続債権者である場合、相続預金と相殺することはできるでしょうか。

平成9年7月25日東京地裁判決は、銀行が、被相続人の預金債権と連帯保証債務とを相殺したことが問題となった事案ですが、相殺することができると判示しています。

したがって、金融機関としては、相続債権と相続預金とを相殺しようとする場合には、請求の申出をする前に、相続財産管理人に対して、相殺の意思表示を行っておく必要があります。

Q 21 一部の相続人が相続分の放棄や譲渡を行っている場合、相続預金の払戻しにはどのように対応すべきか？

A 以下の書類を提出してもらったうえ、相続預金を払い戻すことになります。

① 被相続人の出生から死亡までの除籍謄本、改製原戸籍、戸籍謄本

② 相続人全員の戸籍謄本

③ 相続分の放棄や譲渡をした相続人以外の相続人全員による遺産分割協議書及び印鑑登録証明書等

④ 相続分の放棄や譲渡をした相続人の相続分放棄証書又は相続分譲渡証書及び印鑑登録証明書等

解 説

1 相続分の放棄

相続分の放棄とは、相続財産に対する共有持分権を放棄する意思表示をいいます。

相続放棄と似ていますが、以下のような違いがあります。

① 相続放棄では、相続が開始したことを知ったときから３か月以内に家庭裁判所へ申述を行うことが必要ですが、相続分の放棄では、時期に制限はなく、方式も問われません。

② 相続放棄は、相続財産も相続債務も共に承継を拒否するものですが、相続分の放棄は、あくまで相続財産の承継を放棄する意思表示であり、相続債務についての負担を免れるものではありません。

③ 相続放棄では、その相続人が当初からいなかったものとして、相続財産が他の相続人に帰属することになりますが、相続分の放

棄では、その相続人の相続分を、他の相続人がもとの相続分割合で取得することになります。したがって、相続分の放棄では、相続放棄とは異なり、法定相続人が変わるということはありません。

　以上の違いから明らかなように、相続放棄は、主に相続財産より相続債務のほうが多い場合などに利用されますが、相続分の放棄は、相続人が被相続人と縁遠かったなどの理由で、相続財産の取得を希望しない場合などに利用されます。

2　相続分の譲渡

　相続分の譲渡とは、債権と債務とを包括した遺産全体に対する譲渡人の割合的な持分を移転することをいいます。

　相続分の譲渡も相続分の放棄も、主に相続財産を取得することを希望しない相続人がいる場合に用いられますが、相続分の譲渡は、特定の相続人に相続分を譲渡したい場合に用いられ、相続分の放棄は、特に特定の相続人に相続分を譲渡したい意向がない場合に用いられます。

3　相続預金の払戻し

　相続分の放棄も相続分の譲渡も、当該相続人が相続預金を含む相続財産について、取得しないとの意思表示を内容とするものです。

　一部の相続人が、相続分の放棄や相続分の譲渡をしている場合、相続預金の払戻しをするにあたっては、金融機関としては、当該相続人が作成した相続分放棄証書又は相続分譲渡証書と印鑑登録証明書を提出してもらう必要があります。

　そのうえで、他の相続人から、以下の書類を提出してもらい、相続預金を払い戻すことになります。

① 　被相続人の出生から死亡までの除籍謄本、改製原戸籍、戸籍謄本

② 　相続人全員の戸籍謄本

③ 　相続分の放棄や譲渡をした相続人以外の相続人全員による遺産

分割協議書及び印鑑登録証明書等

4　特別受益証明書

　特定の相続人が相続財産を取得する場合、他の相続人が「被相続人から生前贈与を受けたので相続分がない旨の証明書」を作成されることがあります。この証明書を特別受益証明書（相続分不存在証明書）といいます。

　この特別受益証明書は、主に不動産の移転登記のための登記原因証書として利用されますが、相続預金の払戻しにおいても、当該相続人が相続分の放棄をしたことの証明書として利用することは可能と考えられます。

相続人の１人が行方不明となっている場合、相続預金を払い戻すことはできるか？

A 相続人全員からの請求がないため、原則として相続預金の払戻しをすることはできません。相続預金を払い戻すためには、相続人に、不在者財産管理人の選任申立てを検討してもらう必要があります。

解説

1 相続預金の払戻し

　被相続人の預金について、相続が生じた場合、相続開始と同時に当然に相続分に応じて分割されることはなく、遺産分割の対象となります（平成28年12月19日最高裁大法廷決定）。そして、相続預金の払戻しは、相続人全員の合意によらなければなりません。

　したがって、相続人の１人が行方不明となっている場合には、相続人全員からの請求がないので、便宜払い等の例外的な場合を除き、金融機関としては、相続預金の払戻しをすることはできません。

2 不在者財産管理人の選任

　相続人が行方不明の場合に、相続預金の払戻しをするための方法としては、窓口に来た相続人に、不在者財産管理人の選任を申し立ててもらう方法が考えられます。

　不在者財産管理人とは、不在者の財産の管理・保存を行う者をいいます。不在者財産管理人は、行方不明の相続人に代わって、相続財産に関して遺産分割協議をすることができます。

　相続人が不在者財産管理人を選任するためには、不在者の従来の住所地又は居所地を管轄する家庭裁判所に対して、申立てを行う必要があります。

申立てを受けた家庭裁判所は、不在者の不在の事実の調査（不在者の犯罪歴の確認、運転免許証の更新の有無など）を行い、不在者であることを確認した場合には、不在者財産管理人を選任します。

不在者財産管理人が選任された場合には、金融機関としては、以下のような書類の提出があれば、相続預金を払い戻すことができると考えられます。

① 被相続人の出生から死亡までの除籍謄本、改製原戸籍、戸籍謄本
② 相続人全員の戸籍謄本
③ 行方不明者以外の相続人全員と不在者財産管理人による遺産分割協議書及び印鑑登録証明書等
④ 不在者財産管理人選任に関する審判書謄本

3 遺産分割審判

上述した不在者財産管理人は、あくまで「不在者であること」、すなわち、従来の住所又は居所を去って容易に帰ってくる見込みのない者であること、が選任の要件となっています。

したがって、たとえば、在監者であるとか、行方はわかっているものの、どうしても他の相続人との協議に応じない者である場合などは、不在者財産管理人は選任されません。

このような場合に、相続預金の払戻しをするための方法としては、相続人に、遺産分割調停や遺産分割審判を申し立ててもらう方法が考えられます。

家庭裁判所に遺産分割調停を申し立てても、その相続人が調停に出席することは期待できないため、調停成立は難しいと思われますが、調停に代わる審判をしてもらうことがありえます。また、遺産分割審判がなされることも考えられます。これらの方法により、家庭裁判所により、遺産分割の内容を決めてもらうことになります。

この方法を用いる場合、以下のような書類を提出してもらえば、相

続預金を払い戻すことができると考えられます。

① 被相続人の出生から死亡までの除籍謄本、改製原戸籍、戸籍謄本

② 相続人全員の戸籍謄本

③ 家庭裁判所の審判書謄本

Q23 相続財産管理人から相続預金の払戻請求があった場合、これに応じるべきか？

A 相続財産管理人からの相続預金の払戻請求に応じてかまいません。預貯金の解約及び払戻しは、権限内行為なので、相続財産管理人が家庭裁判所から権限外許可の審判を得る必要はないと考えます。

解 説

1 相続財産管理人

被相続人に相続人がいる場合、相続人は、被相続人の財産に属した一切の権利義務を承継しますが、相続人がいない場合や、相続人であった者全員が相続放棄をした場合、相続人不存在となり、相続財産を管理する者がいなくなります。

このような場合、相続財産管理人が選任されると、相続財産管理人が、相続財産の管理や清算を行い、最終的には相続財産は国庫に帰属することになります。

2 相続財産管理人の職務

相続財産管理人は、利害関係人等が家庭裁判所に申し立てることによって選任されます。相続財産管理人が選任されるのは、相続債権者がいて債権回収や担保権実行をする必要がある場合や、特別縁故者が相続財産分与の申立てをしようとする場合などがあります。

相続財産管理人は、選任後、相続財産を調査し、財産目録を作成します。

相続財産管理人が選任されると、家庭裁判所より公告がなされますが、公告から2か月以内に相続人のあることが明らかにならなかったときは、すべての相続債権者及び受遺者に対し、2か月以内に請求の

申出をすべき旨を官報公告する必要があります。

　一方、相続債権者としては、公告期間内に請求の申出をする必要があります。請求の申出をしなかった場合、残余財産についてしか権利を行使することができなくなり、申出をした債権者より劣後してしまいます。

　公告期間満了後、相続財産管理人は、その期間内に請求の申出をした相続債権者その他知れている相続債権者に、それぞれその債権額の割合に応じて弁済をする必要があります。そして、相続債権者に弁済した後、受遺者に弁済を行います。

　相続財産管理人は、請求申出の公告期間満了後、6か月以上の催告期間を定め、相続人捜索の公告手続を行います。相続人捜索の公告期間内に相続権を主張する者がなければ、相続人不存在が確定し、相続人並びに相続財産管理人に知れなかった相続債権者及び受遺者はその権利を行使することができなくなります。

　相続人捜索の公告による催告期間満了後3か月以内に被相続人と特別の縁故があったと主張する者は、家庭裁判所に対し、相続財産の全部又は一部の分与を求める申立てをすることができます。

　以上を経てもなお残余財産がある場合、相続財産管理人は、残余財産を国庫に引き継ぐことになります。

3　相続預金の払戻し

　上述のとおり、相続人がいない場合に、相続財産管理人が選任されることがあります。そして、相続財産管理人は、相続財産の管理及び債務の弁済に必要な一切の権限を有しますので、相続預金の払戻しは、この相続財産管理人である相続人に対して行う必要があります。

　相続財産管理人が権限外行為を行う場合には、家庭裁判所の許可審判が必要になりますが、預貯金口座の解約及び払戻しは、権限内行為と考えられます[※]。

　したがって、相続財産管理人からの相続預金の払戻依頼に関しては、

権限外許可審判書がなくとも、管理人選任審判書謄本や印鑑登録証明書のみで応じてよいものと考えられます。

※片岡武他著『第2版　家庭裁判所における成年後見・財産管理の実務』357頁、日本加除出版、2014年

Q24 相続人に未成年の子がいる場合、相続預金の払戻しにあたり、どのような点に注意すべきか？

A 未成年の子は単独で有効な法律行為ができないため、親権者に法定代理人として遺産分割協議書に署名押印をしてもらうか、親権者も相続人の場合には、特別代理人を選任してもらったうえ、特別代理人に遺産分割協議書に署名押印をしてもらう必要があります。

解 説

1 相続預金の払戻し

　被相続人の預金について、相続が生じた場合、相続開始と同時に当然に相続分に応じて分割されることはなく、遺産分割の対象となります（平成28年12月19日最高裁大法廷決定）。そして、相続預金の払戻しは、相続人全員の合意によらなければなりません。

　したがって、相続人に未成年の子がいる場合には、未成年の子も含めて相続人全員から権利行使をしてもらう必要があります。

2 未成年者の法律行為

　しかしながら、未成年の子に遺産分割協議書に署名押印などしてもらうだけでは不十分です。なぜなら、未成年者は、単独で有効な法律行為をすることはできないからです。

　未成年者が法律行為をするには、法定代理人の同意を得なければならず、法定代理人の同意がない法律行為は、取り消すことができるとされています。

　また、法定代理人には、未成年者の財産を管理する権限と、財産に関する法律行為についての代理権があります。

　したがって、未成年の子については、代理権を有する法定代理人に、

代理人として、遺産分割協議書に署名押印をしてもらう必要があるということになります。

　ここで、法定代理人とは、通常は親権者となりますが、親権は共同で行使しなければならないため、両親がいる場合には、両親ともに未成年者の子の法定代理人として署名押印をする必要があります。

3　利益相反行為

　未成年者の子も親権者もともに相続人になる場合には、利益相反行為に注意する必要があります。

　たとえば、夫が死亡し、妻と未成年の子が相続人になる場合が代表例です。

　利益相反行為とは、親権者の利益と子の利益が衝突するような行為をいいます。このような行為は、親権の公正な行使が期待できないと考えられます。したがって、利益相反行為に該当する場合には、親権者には代理権はないとされています。

　そして、親権者と未成年の子との間における遺産分割協議も利益相反行為に該当すると考えられています（昭和41年7月1日大阪高裁決定）。

　したがって、相続預金の払戻しにおいても、同じ相続人である親権者には、未成年の子の代理権はないと考えられます。

　利益相反行為に該当する場合に代理権を行使するには、親権者に、家庭裁判所において特別代理人を選任してもらう必要があります。特別代理人は、当該行為について代理権を有することとなるため、他の相続人と特別代理人との間で遺産分割協議を行うことになります。

　未成年の子がいる場合に、特別代理人が関与して、相続預金の払戻しを行う場合、以下のような書類の提出が必要になります。

①　被相続人の出生から死亡までの除籍謄本、改製原戸籍、戸籍謄本

②　相続人全員の戸籍謄本

③　未成年の子以外の相続人全員と特別代理人による遺産分割協議書及び印鑑登録証明書

④　特別代理人選任の審判書謄本

Q25 預金者が死亡した後、さらに相続人が死亡した場合、相続預金の払戻しにはどのように対応すべきか?

A 相続預金は、死亡した相続人の相続人に、法定相続分に応じて承継されることになるので、金融機関としては、死亡した相続人の相続関係を確認する必要があります。

解 説

1 再転相続

被相続人の預金について、相続が生じた場合、相続開始と同時に当然に相続分に応じて分割されることはなく、遺産分割の対象となります（平成28年12月19日最高裁大法廷決定）。そして、相続預金の払戻しは、相続人全員の合意によらなければなりません。

相続預金の払戻し前に、相続人の1人が死亡した場合、相続預金は、相続人の相続人に、法定相続分に応じて承継されることになります（ここで各相続人が取得するのは、遺産共有持分であり、単独で行使はできません）。

たとえば、被相続人Aに相続人として子Bと子Cがいる場合、被相続人Aの死亡により子Bと子Cは相続預金を2分の1ずつ承継することになりますが、相続預金の払戻しの前にBが死亡し、Bには相続人として子Dと子Eがいる場合、DとEはBの相続預金を2分の1ずつ承継します。したがって、被相続人Aの相続預金は、Cが2分の1を、D、Eが4分の1ずつ承継することになります。

2 代襲相続との違い

再転相続は、被相続人が死亡した後に相続人が死亡した場合に生ずるのに対し、代襲相続は、被相続人が死亡する前に、推定相続人が死

亡する場合に生じます。両者は似ている点もありますが、以下のような違いがあります。

① 承継する相続人が異なることがある

代襲相続は、法律で規定された代襲相続人が相続人となりますが、再転相続の場合には、相続人の相続人が再転相続人となります。

たとえば、被相続人Aに相続人として子B、子Cがおり、子Bには妻Dと子Eがいる場合を考えてみます。

Aが死亡する前にBが死亡しているケースだと、Aの相続人は、子Cと代襲相続人である孫Eとなり、CとEの相続分は2分の1ずつとなります。

一方、Aが死亡した後に、Bが死亡した場合、再転相続により、Bの相続分は、DとEが2分の1ずつを承継します。したがって、Aの相続財産との関係では、Cが2分の1、DとEが4分の1ずつということになります。

② 再転相続の場合、もとの相続人が相続放棄や遺言をしている場合がある

たとえば、上記のケースを前提に、Aが死亡した後に、Bが死亡した場合を考えると、BがAの相続財産について生前に相続放棄をしていると、Aの相続財産はCだけが取得することになります。

また、Bが遺言を残しており、全財産をDに相続させるという内容であった場合、Aの相続財産との関係では、CとDが2分の1ずつということになります。

3 相続預金の払戻し

上記のとおり、相続預金の払戻し前に、相続人の1人が死亡した場合、相続預金は、死亡した相続人の相続人に、法定相続分に応じて承継されることになりますので、金融機関としては、死亡した相続人の相続関係を確認する必要があります。

そこで、以下のような書類の提出を求めたうえで、相続預金の払戻

しに応じることになります。

① 被相続人の出生から死亡までの除籍謄本、改製原戸籍、戸籍謄本

② 相続人全員の戸籍謄本、除籍謄本

③ 死亡した相続人の出生から死亡までの除籍謄本、改製原戸籍、戸籍謄本

④ 死亡した相続人についての相続人全員の戸籍謄本

⑤ 相続人全員（死亡した相続人の相続人を含む）による遺産分割協議書及び印鑑登録証明書

被後見人の成年後見人から、相続預金の一部の払戻請求の依頼があった場合、どう対応すべきか？

A 成年後見人は、一定の範囲で死後事務権限を有します。ただし、相続預金の払戻しは、家庭裁判所の許可が必要な行為となるので、相続預金を払い戻すにあたっては、家庭裁判所の許可審判書謄本を提出してもらう必要があります。

解説

1 成年後見人

成年後見人とは、本人が、精神上の障害により事理を弁識する能力を欠く常況にある場合に、親族等の請求により家庭裁判所から選任される者をいいます。

成年後見人は、本人の財産管理に関する事務を行う必要があり、財産に関する法律行為についての代理権を有しますので、本人が生存している際には、本人名義の預金についても払戻権限を有します。

本人が死亡すると、後見は終了します。したがって、成年後見人の代理権も消滅しますので、本人の預金についての払戻権限も消滅するのが原則です。

2 成年後見人の死後事務

しかしながら、成年後見人が相続人に財産を引き継ぐまでの間、相続財産の保全等のために必要な行為をしなければならないこともあり、法律上、成年後見人は、以下のような死後事務を行うことができるとされています。

① 相続財産に属する特定の財産の保存に必要な行為
② 相続財産に属する債務（弁済期が到来しているものに限る）の

弁済

③　成年後見人の死体の火葬又は埋葬に関する契約の締結その他相続財産の保存に必要な行為

上記の死後事務行為を行うことができるのは、「必要があるとき」です。

したがって、成年被後見人が死後事務行為を行うことが必要でない場合（相続人が行っても特段問題ない場合）には、死後事務行為を行うことはできません。

また、「成年被後見人の相続人の意思に反することが明らかなとき」も、死後事務行為を行うことはできません。

成年後見人が死後事務行為を行うことができるのは、「相続人が相続財産を管理することができるに至るまで」です。基本的には死後事務は成年被後見人の死亡後２か月までを想定しています。

上記３つの行為類型のうち、①及び②には家庭裁判所の許可は不要ですが、③を行うためには、家庭裁判所の許可が必要になります。そして、相続預金口座からの払戻しは、③に該当すると考えられるため、家庭裁判所の許可が必要になります。

被相続人の自宅の修繕や、被相続人の債務の弁済は、①や②に該当しますが、修繕費を支払うための相続預金の払戻しや、債務の弁済のための相続預金の払戻しは、③にあたりますので、どのような場合に相続預金の払戻しを行うにせよ、家庭裁判所の許可が必要になります。

3　相続預金の払戻し

上記のとおり、成年後見人は、一定の範囲で死後事務権限を有します。ただし、相続預金の払戻しは、家庭裁判所の許可が必要な行為となりますので、相続預金を払い戻すにあたっては、家庭裁判所の許可審判書謄本を提出してもらう必要があります。

なお、成年後見人への相続預金の払戻しにあたっては、相続人との間でトラブルが生じないかどうかにも注意する必要があります。相続

人の意思に反することが明らかなときには、成年後見人は死後事務を行うことができませんが、家庭裁判所の運用上、許可審判にあたり、各相続人への聴取を想定しておらず※、払戻し後に、相続人が金融機関に対し、苦情を申し立てることが考えられなくもありません。この場合の責任は、成年後見人にありますが、無用のトラブルを避けるために、事案によっては、成年後見人への払戻しに際して、事前に相続人の意向を確認したほうがいいケースもあるように思います。

※日景聡他「「成年後見の事務の円滑化を図るための民法及び家事事件手続法の一部を改正する法律」について」『家庭の法と裁判』7号93頁、日本加除出版、2016年

Q27 相続人の1人から、便宜払いの要求があった場合、これに応じることはできるか？

A 相続人の1人からの便宜払いの要求に応じることは原則として難しいと考えられます。金融機関としては、二重払いのリスクを理解したうえ、金額の多寡等を考慮し、便宜払いの可否を検討する必要があります。

解 説

1 相続預金の払戻し

被相続人の預金について、相続が生じた場合、相続開始と同時に当然に相続分に応じて分割されることはなく、遺産分割の対象となります（平成28年12月19日最高裁大法廷決定）。そして、相続預金の払戻しは、相続人全員の合意によらなければなりません。

そこで、相続預金の払戻しをする場合には、相続人全員からの請求を受ける必要があります。上記にもかかわらず、金融機関が、相続人の1人からの請求に応じて支払ってしまった場合、準占有者弁済として免責されることも基本的には難しく、後に他の相続人からの再度相続預金の払戻請求がなされると、二重払いのリスクがあります。

以上からすれば、相続人の1人からの便宜払いの要求に応じることは原則として難しいと考えられます。

2 便宜払い

上記が原則的な取扱いですが、一方で、顧客である相続人に対して、まったく相続預金の払戻しに応じない対応をとることが難しい場合もありえます。特に、顧客が、生活費、公租公課その他相続債務の支払いのための費用、葬儀費用のための資金が火急に必要だと主張するよ

うな場合が考えられます。

　このような場合、金融機関としては、上記のような二重払いのリスクを理解したうえ、一定の金額内であれば、金融機関が便宜払いに応じるということもありえます。

　なお、平成28年12月19日最高裁大法廷決定の前までは、相続預金は各相続人に当然分割されると考えられていたため、各相続人の法定相続分までの金額であれば、一部の相続人に相続預金の払戻しをするということも考えられました。しかしながら、上記決定により、そのような理由づけも難しくなりました。また、上記決定では、相続人の一部が火急に相続預金の払戻しを希望する場合には、仮払いの仮処分の制度を利用することが提案されています。

　以上からすれば、現在では、便宜払いを認めてよい範囲が従来より狭まったと考えられ、また、相続預金の払戻しを希望する相続人に対しては、仮分割の仮処分の制度を利用してもらうのが原則的な取扱いと考えられます（ただし、葬儀費用については、仮分割の仮処分の制度を利用することは難しいと考えられています（Q10参照））。

3　相続法改正における議論

　平成29年11月現在、法務省の法制審議会では、民法（相続関係）の改正が議論されています。そのなかで、平成29年7月18日に取りまとめられた「中間試案後に追加された民法（相続関係）等の改正に関する試案（追加試案）」では、相続預金の払戻しに関し、家庭裁判所の仮払いの仮処分の要件を緩和するとともに、各相続人が、相続預金額の2割に法定相続分を乗じた額（ただし、100万円を上限とする）について、家庭裁判所の判断なしに、払い戻すことができる、との規定を設けることが検討されています。

　このような規定が導入されるか否かは未定ですが、現時点においても、金融機関において便宜払いをするか否かの判断の参考になるものと考えられます。

Q 28 一部の相続人から、相続預金は名義預金であるため、自身に払戻しをしてほしいとの請求があった場合、どのように対応すべきか？

A 金融機関においても、名義預金であるか否かの調査を行いますが、相続人間で意見の相違があるような場合には、相続人間において、預金の帰属に関して訴訟をしてもらい、訴訟結果が明らかになった段階で、訴訟結果に応じて払い戻すことが適切です。

解 説

1 相続預金の払戻し

被相続人の預金について、相続が生じた場合、相続開始と同時に当然に相続分に応じて分割されることはなく、遺産分割の対象となります（平成28年12月19日最高裁大法廷決定）。そして、相続預金の払戻しは、相続人全員の合意によらなければなりません。

そこで、相続預金の払戻しをする場合には、相続人全員からの請求を受ける必要があります。

2 名義預金

一方、被相続人の預金が名義預金である場合がありえます。

この点、出捐者（実際にお金を出した人）をもって、預金者と考えるのが判例の考え方といえます（記名式定期預金について昭和57年3月30日最高裁判決参照）。

したがって、預金名義が被相続人であっても、その預金の出捐者が一部の相続人である場合には、その相続人が預金者ということになります。そうすると、その相続人に対して、相続預金の払戻しをする必要があるということになります。

3　預金者であることの確認方法

　上記のとおり、通常の相続預金であれば、相続人全員からの請求によって払い戻す必要があるのに対し、名義預金の場合、出捐者からの請求に応じる必要があります。

　しかしながら、実際問題として、金融機関が、直ちに、預金名義人以外の者について、預金者であると認めることは、難しいことが多いと思われます。

　そこで、このような請求がなされた場合、まずは金融機関において以下のような点を確認する必要があると考えられます。

(1)　相続預金の原資

　出捐者であると主張する相続人のどのような資産から、その相続預金が形成されたのか、すなわち、その相続預金の原資は何であったのかを確認します。たとえば、出捐者であると主張する相続人の預金口座から出金がなされたのと同日に、相続預金の口座が開設され、同額の入金があるなどという場合には、相続人が原資を出捐した可能性が高いといえます。

(2)　口座開設時・入金時の状況

　可能であれば、過去の口座開設時の状況を確認するとともに、口座開設届の筆跡や印影を確認します。また、出捐者であると主張する相続人に対して、他人名義の預金口座を開設した理由を聴取します。

(3)　口座の利用状況

　口座の利用状況を確認し、被相続人が利用していた形跡はあるか、出捐者であると主張する相続人が利用していたかなどを確認します。また、途中で一部払戻しなどをしている場合には、払戻伝票などの確認を行います。

(4)　他の相続人の意向確認

　他の相続人に対し、相続預金が被相続人の預金ではなく、出捐者であると主張する相続人が出捐した預金であるかなどの確認を行います。

　以上のような聴取の結果、金融機関としても、出捐者であると主張

する相続人が預金者であると考えられ、しかも、他の相続人からも、出捐者であると主張する相続人に払い戻すことに関して同意書などを取得することができれば、一部の相続人に対して相続預金の払戻しを行うことは可能と考えられます。

しかしながら、特に一部の相続人から反対意見が出ているような場合には、相続預金の払戻しをしても、準占有者弁済として免責される可能性はあるものの、多くのケースでは預金の払戻しに応じることは難しいと考えられます。

このような場合には、相続人間において、預金の帰属に関して訴訟をしてもらい、訴訟結果が明らかになった段階で、訴訟結果に応じて払い戻すことが適切であると思われます。

第4章

遺言がある場合の相続預金等の払戻し対応

Q 29 遺言で指定された相続人や受遺者がすでに死亡している場合、どのように対応すべきか？

A 遺言で受遺者に指定された者が、遺言者の死亡以前に死亡していたときには、その遺贈は効力を生じません。また、遺言で遺産を相続させる等と書かれていた相続人が遺言者の死亡以前に死亡していた場合には、その代襲相続人がその相続分を取得するかについては、遺言の解釈により結論が異なってきますが、原則としては遺贈と同様に遺言の効力は生じないと解されます。

解 説

1 受遺者が遺言者の死亡以前に死亡した場合

民法994条1項は、「遺贈は、遺言者の死亡以前に受遺者が死亡したときは、その効力を生じない。」と定めています。これは、遺言者の意思は特定の受遺者に向けられていると推定したものです。なお、同条は、「遺言者の死亡以前に受遺者が死亡したとき」と規定しているので、遺言者と受遺者が同時に死亡したときも、遺贈は効力を生じません。

2 遺言で指定された相続人が遺言者の死亡以前に死亡した場合

この場合について、民法に直接の規定がないため、遺贈に関する民法994条1項を準用するかどうかが問題となり、この点について、判例、学説が分かれていました。しかし、平成23年2月22日最高裁判決は、母である被相続人が、長男にのみ遺産の全部を相続させる公正証書遺言をしたが、長男が母より先に死亡した事案について、

「被相続人の遺産の承継に関する遺言をする者は、一般に、各推定相

94

続人との関係においては、その者と各推定相続人との身分関係及び生活関係、各推定相続人の現在及び将来の生活状況及び資産その他の経済力、特定の不動産その他の遺産についての特定の推定相続人の関わりあいの有無、程度等諸般の事情を考慮して遺言をするものである。このことは、（略）「相続させる」旨の遺言がされる場合であっても異なるものではなく、このような「相続させる」旨の遺言をした遺言者は、通常、遺言時における特定の推定相続人に当該遺産を取得させる意思を有するにとどまるものと解される。したがって、（略）「相続させる」旨の遺言は、当該遺言により遺産を相続させるものとされた推定相続人が遺言者の死亡以前に死亡した場合には、「相続させる」旨の遺言に係る条項と遺言書の他の記載との関係、遺言書作成当時の事情及び遺言者の置かれていた状況などから、遺言者が、（略）当該推定相続人の代襲者その他の者に遺産を相続させる旨の意思を有していたとみるべき特段の事情のない限り、その効力を生ずることはない。」

　と述べました。したがって、特段の事情がない限り、遺言で指定された相続人が遺言者の死亡以前に死亡した場合には、その遺言は効力を生じないことになります。

3　補充遺言

　上記のような問題を避けるために、公正証書遺言の作成にあたっては、遺言で指定された相続人が遺言者の死亡以前に死亡した場合には、他の相続人に相続させる旨の条項を入れておくことがしばしば行われています。

　たとえば「妻○○が遺言者より先に死亡したときは、第壱条により妻に相続させる財産のうち、不動産は、弐男○○及び参男○○に各弐分の壱の割合により相続させ、株式、預貯金その他の財産は、すべて長男○○に相続させる。」※といった条項です。

　このような条項を入れておけば、遺言で指定された相続人が遺言者の死亡以前に死亡した場合でも、遺言が無効になることはありません。

4　金融機関の取扱い

　遺言で指定された相続人が遺言者の死亡以前に死亡しており、**3**記載の補充条項がない場合には、その代襲相続人が遺言に基づき、預金等の払戻し等を請求しても、金融機関では、上記最高裁判決が述べる特別の事情の有無を判断することはできないので、その払戻請求は認めない取扱いとするべきです。

※日本公証人連合会編著『新版　証書の作成と文例　全訂遺言編〔改訂版〕』4頁、立花書房、2013年

Q30 遺言と異なる遺産分割協議書が提出された場合、遺産分割協議書に基づいて払戻しをすることはできるか？

A 相続人全員が遺言と異なる遺産分割協議をすることは可能ですから、有効に成立した遺産分割協議書であれば、それに基づいて預金等の払戻しはできます。ただし、遺言で5年を超えない期間を定めて遺産分割を禁止している場合には、この期間は払戻しができません。また、遺言で遺言執行者が指定されている場合には、払戻しについて遺言執行者の同意が必要です。

解説

1 遺言と異なる遺産分割協議はできる

遺言は、遺言者の意思の表明ですから、相続人がその遺言と異なる遺産分割協議をすることができるかは問題となります。

しかし、判例学説は一致して、相続人が遺言と異なる遺産分割協議をすることを認めています。民法907条は、「共同相続人は、次条の規定によって被相続人が遺言で禁じた場合を除き、いつでも、その協議で、遺産の分割をすることができる。」と定めていますし、全相続人の意思が一致するのであれば、その相続人の意思を尊重することが妥当であると考えられるからです。

2 遺産分割を禁止する内容の遺言がある場合

民法908条は、被相続人が遺言で相続開始の時から5年を超えない期間を定めて、遺産の分割を禁止することができると定めています。遺言による遺産分割の禁止が定められている場合には、これに反する遺産分割協議は無効になります。ですから、遺産分割協議書があったとしても、遺言による遺産分割禁止期間中に、預金の払戻しはできま

97

せん。

3 遺言により遺言執行者が指定されている場合

この場合には、遺言執行者は遺言の執行に必要な一切の行為をする権利義務を有し、相続人は相続財産の処分その他遺言の執行を妨げるような行為をすることができません。

ですから、相続人が遺言と矛盾する遺産分割協議をしたとしても、原則としてその効力はないと考えられます。

平成13年6月28日東京地裁判決は、遺言で遺産分割方法の指定を遺言執行者に委託していたところ、相続人らが遺言執行者の同意なく遺言と異なる内容の遺産分割協議に基づいて相続登記を行ったので、遺言執行者が遺言どおりの所有権移転登記手続を求めた事案です。裁判所は、

「被相続人が、遺言により特定の財産をあげて共同相続人間の遺産の分配を具体的に指示するという方法でもって相続分の指定を伴う遺産分割方法の指定をし、あわせて原告を遺言執行者に指定した場合には、遺言者は、共同相続人間において遺言者が定めた遺産分割の方法に反する遺産分割協議をすることを許さず、遺言執行者に遺言者が指定した遺産分割の方法に従った遺産分割の実行を委ねたものと解するのが相当である。」

と判示して、遺言と矛盾する内容の遺産分割協議の効力を否定しました。しかし、相続人間で贈与や交換をしているものとして、私的自治の原則に照らし有効な合意であるとして、遺言執行者の請求を棄却しました。

したがって、遺言執行者が指定されている場合、遺言と異なる遺産分割協議に基づき預金の払戻しに応ずるには、遺言執行者の同意を得る必要があります。

Q31 自筆証書遺言において、押印がない、日付の記載がないなどの不備がある場合、どのように対応すべきか？

A 自筆証書遺言の日付、押印、署名の要件が欠けていることが、遺言書から明らかな場合には、その遺言に基づく預金の払戻しには応ずるべきではありません。

解 説

1 自筆証書遺言の要件

民法968条1項は、「自筆証書によって遺言をするには、遺言者がその全文、日付及び氏名を自書し、これに印を押さなければならない。」と定めています。

遺言は、重要な法律効果が生ずるものであり、遺言者の死亡後にその効力が発生するものなので、直接遺言者の意思を確認することができません。そのため、遺言には厳格な方式が定められています。

上記の自筆証書遺言の方式のうち、書面から明白にわかる要件が欠けている場合には、当然その遺言は効力を生じません。

したがって、このような明らかに無効な遺言に基づき、受遺者や相続人が預金等の払戻し等を請求した場合には、金融機関はこれに応ずることはできません。

2 自筆証書遺言の検認

遺言書の保管者や発見者は、遺言書を家庭裁判所に提出して、その検認を受けなければなりません。

公正証書遺言はこの検認をする必要がありませんが、自筆証書遺言は、この検認手続をする必要があります。

この検認とは、「遺言書の偽造変造を防ぐための一種の検証手続で

あり、証拠保全手続であり」※、遺言が遺言者の真意に出たものであるかどうか、その他遺言書の実体上の効果を審理判断する裁判ではありません。

　また、家庭裁判所の検認があったからといって、その遺言書が真正に成立したとの推定を受けるものでもありません（昭和32年11月15日東京高裁判決）。

　したがって、検認を受けた自筆証書遺言であっても、押印がない、日付がないなど法定の方式に欠けていることが明らかな場合には、その遺言に基づいて預金の払戻しに応ずるべきではありません。

　その場合には、あくまで相続人全員の同意を得て払戻しをすることになります。

※中川善之助他 著『相続法 第3版』567頁、有斐閣、1988年

Q32 自筆証書遺言において、預金が対象となっているか否か不明確な場合、どのように対応すべきか？

A 自筆証書遺言の解釈に疑義がある場合には、遺言に基づく預金の払戻しは認めるべきでなく、相続人全員の同意を得て払戻しをすべきです。

解 説

1 遺言の解釈

遺言の具体的意味をどのように解釈するかについては困難が伴います。特に自筆証書遺言の場合には、遺言者に法律知識がなく、公証人の関与もないことから、遺言者の真意を確認することは難しいのです。

すべての財産を特定の相続人に相続させる又は遺贈すると書かれている遺言の場合には、すべての財産には、遺言者の預金債権も含まれますから、その遺言に基づいてその特定の相続人に預金の払戻しをすることになります。

また、銀行名が記載されそのすべての預金と書かれている場合にも、遺言に基づいて、預金の払戻しはできます。

しかし、銀行名、支店名、預金種類等の特定がないなど、その預金が遺言に書かれた預金であるかどうか不確定な場合には、遺言に基づく預金の払戻しはできないことになります。

その場合には、相続人全員の同意を得るか、家庭裁判所で遺言執行者の選任をしてもらい、遺言執行者が払戻請求をすることになります。

2 遺言の解釈に関する判例

遺言書の解釈について、昭和58年3月18日最高裁判決は、
「遺言の解釈にあたっては、遺言書の文言を形式的に判断するだけで

はなく、遺言者の真意を探求すべきものであり、遺言書が多数の条項からなる場合にそのうちの特定の条項を解釈するにあたっても、単に遺言書の中から当該条件のみを他から切り離して抽出しその文言を形式的に解釈するだけでは十分ではなく、遺言書の全記載との関連、遺言書作成当時の事情及び遺言者の置かれていた状況などを考慮して遺言者の真意を探求し当該条項の趣旨を確定すべきものであると解するのが相当である。」

　と述べており、これが、確立した考え方になっています。

　このように、遺言の解釈について疑義がある場合には、最終的には裁判所で判断すべきものであり、金融機関が遺言解釈についてリスクを負うべきではないでしょう。

第**5**章

遺言執行者からの請求

Q33 遺言執行者とはなにか？

A 遺言執行者とは、遺言の内容を実現するために執行の事務を行う者です。

解説

1 遺言執行者の法的地位

　民法1015条は、「遺言執行者は、相続人の代理人とみなす。」と定めています。遺言執行者は、相続人の廃除など相続人の利益に反する遺言の執行をする場合もあることから、この規定は、遺言執行者の財産上の効果が相続人に帰属することを意味するにとどまり、遺言執行者の法定地位は、それ以外の点では、それぞれの場面において、遺言執行者の職責を考慮しつつ解釈によって決すべきであるとする説が有力です[※]。

　判例も、「遺言執行者の任務は、遺言者の真実の意思を実現するにあるから、民法1015条が遺言執行者は相続人の代理人とみなすと規定しているからといって、必ずしも相続人の利益のためにのみ行為すべき責務を負うとは解されない。」（昭和30年5月10日最高裁判決）としています。

2 遺言執行者の選任

　遺言執行者は、遺言によって指定されるか、遺言によって指定の委託を受けた者の指定によって決まります（指定遺言執行者）。遺言執行者の指定も指定の委託もない場合や、遺言執行者に指定された者の辞任、死亡等により遺言執行者がいなくなった場合には、利害関係人の請求により家庭裁判所が遺言執行者を選任します（選定遺言執行者）。

未成年者及び破産者は、遺言執行者になれませんが、それ以外に遺言執行者の資格に制限はなく、相続人や受遺者も遺言執行者になれると解されています。

3 遺言執行者の職務

遺言執行者の主な職務は、次のとおりです。
① 相続財産目録を作って、相続人に交付すること
② 相続財産の管理をし、遺言執行に必要な一切の行為をすること
③ 遺言執行に関する訴訟の当事者となること

4 相続人の義務

遺言執行者がある場合に、相続人は、相続財産の処分その他遺言の執行を妨げるべき行為をすることはできません。

遺言執行者がいるにもかかわらず、相続人の1人が、遺産の不動産に根抵当権設定登記をした事案について、最高裁は、

「相続人が、民法1013条の規定に違反して、遺贈の目的不動産を第三者に譲渡しまたはこれに第三者のため抵当権を設定してその登記をしたとしても、相続人の右処分行為は無効であり、受遺者は、遺贈による目的不動産の所有権取得を登記なくして右処分行為の相手方たる第三者に対抗することができる。」

と判示しています（昭和62年4月23日最高裁判決）。

※松原正明著『全訂 判例先例相続法Ⅴ』242頁、日本加除出版、2012年

Q34 遺言執行者により、相続預金の払戻請求がなされた場合、どのように対応すべきか？

A 遺言書に、遺言執行者の権限として被相続人名義の預金の払戻しに関する権限が明記されている場合には、遺言執行者からの預金の払戻請求に応ずるべきです。このような記載がない場合であっても、遺言執行者からの預金の払戻しを認めてよい場合が多いでしょう。

解説

1 遺言執行者の権限

「遺言執行者は、相続財産の管理その他遺言の執行に必要な一切の行為をする権利義務を有する。」（民法1012条1項）

しかし、特定の遺産を特定の相続人に「相続させる」内容の遺言（以下「相続させる遺言」という）は、遺言書の記載から、その趣旨が遺贈であることが明らかであるか又は遺贈と解すべき特段の事情のない限り、その特定の財産をその相続人に単独で相続させる遺産分割方法の指定がされたものと解されています。そしてその場合には、原則として、何らの行為を要せずに、被相続人の死亡時に直ちに、その遺産がその相続人に相続により承継されると解されています（平成3年4月19日最高裁判決）。

したがって、この場合には、遺言執行者による執行の余地がないとも考えられます。また、このことは、預金を特定の相続人に遺贈する遺言の場合にも同様と解されます。

2 判例

判例では、このような相続させる遺言や遺贈の場合であっても、預金の払戻しには、相続人全員の承諾書面が必要とされること等から、

預金の払戻しも遺言の執行に必要な行為であるとして、遺言執行者の払戻しを認めるものがあります（平成14年2月22日東京地裁判決、平成24年1月25日東京地裁判決）。

　一方、相続させる遺言について、遺言執行の余地はないとして、遺言執行者の払戻請求を否定したものもあります（平成15年4月23日東京高裁判決）が、遺言執行者による払戻しを認める判例のほうが多いと思われます。

3　遺言書に遺言執行者の払戻権限が記載されている場合

　このような判例の動向を反映して、近年の遺言では、以下のような文言を入れているものも多くなっています。

　「遺言執行者は、本遺言の執行者として、遺言者に属する不動産、預貯金、有価証券等すべての財産について、換価、解約、名義変更及び払戻しをする権限並びに遺言者が借り受けた貸金庫を開扉し内容物の受戻しを受ける権限、その他この遺言執行に必要な一切の行為を行う権限を有するものとします。」

　したがって、このように遺言書に遺言執行者が預金払戻権限を有することを記載している場合には、遺言執行者からの預金払戻請求は認められることになります。

Q35 遺言執行者から相続預金の残高証明書や取引履歴の発行依頼があった場合、これに応じるべきか？

A 遺言執行者に預金の残高証明書は発行すべきですが、取引履歴については、原則として発行する必要がありません。

解　説

1　預金の残高証明書

「遺言執行者は、遅滞なく、相続財産の目録を作成して、相続人に交付しなければならない。」（民法1011条1項）と定められています。

このように、遺言執行者は、遺言執行の前提として、財産目録を作成しなければなりませんから、相続財産である預金の残高証明書を取得する必要があります。

ですから、金融機関は、遺言執行者から請求があった場合には、遺言者の預金の残高証明書を交付すべきです。

2　預金の取引明細書

各相続人が金融機関に対し、被相続人の預金の取引経過の開示請求ができることについては、次の判例があります。

平成21年1月22日最高裁判決は、

「預金口座の取引経過は、預金契約に基づく金融機関の事務処理を反映したものであるから、預金者にとって、その開示を受けることが、預金の増減とその原因等について正確に把握するとともに、金融機関の事務処理の適切さについて判断するために必要不可欠であるということができる。したがって、金融機関は、預金契約に基づき、預金者の求めに応じて預金口座の取引経過を開示すべき義務を負うと解するのが相当である。そして、預金者が死亡した場合、その共同相続人の

一人は、預金債権の一部を相続により取得するにとどまるが、これとは別に、共同相続人全員に帰属する預金契約上の地位に基づき、被相続人名義の預金口座についてその取引経過の開示を求める権利を単独で行使することができる（同法（編注：民法）264条、252条ただし書）というべきであり、他の共同相続人全員の同意がないことは上記権利行使を妨げる理由となるものではない。」

と判示しています。

このように、各相続人は、金融機関に対し、被相続人の預金の取引明細を請求することができますが、遺言執行者ができるかについては、問題があります。

通常、遺言執行について、遺言者の預金の取引明細を取得する必要はないと考えられることから、遺言執行者が遺言執行に関する取引明細の取得の必要性を明らかにした場合等を除き、遺言執行者からの取引明細の請求に応ずる必要はないと思います。

第5章　遺言執行者からの請求

第6章

遺留分減殺請求と
相続預金の払戻し

遺留分を侵害していることが明らかな遺言である場合にも、遺言に基づいて払戻しをしてよいか？

A 払戻しをしてもかまいません。

解説

1 遺留分とは

　遺留分とは、一定の範囲の相続人に対して留保される相続財産の一定の割合のことをいい、相続人の立場からは、被相続人の生前の贈与又は遺言によっても奪われることのない最低限の財産の取得を保障するものです（Ｑ６参照）。

　遺留分を侵害された相続人は、自己の遺留分を保全するに必要な限度で、遺贈や生前贈与の減殺を請求することができます。遺留分減殺請求は権利であることから、遺留分減殺請求権を行使するか否かは、遺留分権利者の自由な意思に委ねられています。

2 遺留分を侵害する遺言

　遺言者は、遺留分に関する規定に違反することができないとされています。もっとも、遺留分を侵害する遺言は、それ自体は違法でも無効でもありません。

　たとえば、被相続人Ａの相続人が妻Ｂと子Ｃの２人のケースで、Ａが遺言ですべての財産をＢに取得させる旨の遺言を作成したという場合、Ｃの遺留分は１／４ですが、遺言によればＣの取得分はゼロであるため、この遺言はＣの遺留分を侵害していることになります。この遺言はＣの遺留分を侵害していますが、当然に無効というわけではなく、遺言としての要件を満たしている限り、法的には有効です。

　Ｃが遺留分減殺請求権を行使するか否かはＣの自由な意思に委ねら

れます。もしCが権利を行使しなければ、BがAのすべての遺産を確定的に取得することとなります。他方、もしCが権利を行使した場合は、Cは遺留分の限度（1/4）で遺産を取得することができます。

3　金融機関の対応

遺言の内容から遺留分を侵害することが明らかな場合に、遺言に基づく払戻しの請求がなされたときには、金融機関としては、その遺言に基づいて払戻しをしなければならないのでしょうか。前項の具体例でいいますと、Bから遺言に基づいて預金全額の払戻しの請求があった場合、金融機関はこの請求に応じなければならないのでしょうか。

この点については、先に説明したとおり、遺留分を侵害する遺言であっても遺言それ自体は有効であること、遺留分減殺請求権を行使するかどうかは遺留分権利者の自由な意思に委ねられていることから、金融機関としては、その遺言に基づいて預金の払戻しを行うことができると考えられます。また、遺留分権利者に対して、遺留分減殺請求権を行使するか否かについて確認する必要もないと考えられます。

もし金融機関が遺言に基づいて払戻しをした後に、遺留分権利者が遺留分減殺請求権を行使したとしても、遺留分権利者に対して、あらためて遺留分に相当する金額を支払う義務はありません。

遺留分減殺請求がなされたことを知った後、受遺者から遺言に基づく払戻請求を受けた場合、これに応じるべきか？

A 応じてもかまいません。

解説

1 遺留分とは

遺留分とは、一定の範囲の相続人に対して留保される相続財産の一定の割合のことをいい、相続人の立場からは、被相続人の生前の贈与又は遺言によっても奪われることのない最低限の財産の取得を保障するものです（Q6、Q36参照）。

2 遺留分減殺請求の効果

遺留分権利者が遺留分減殺請求権を行使すると、遺留分を侵害する贈与や遺贈は、侵害の限度で効力が消滅し、目的物の権利は当然に遺留分権利者に復帰すると解されています。

受遺者等の取得した財産が複数ある場合、遺留分権利者は、それぞれの財産について、持分を取得することになります。したがって、遺贈等された複数財産から特定の財産を選択して権利主張することはできません。たとえば、前問（Q36）のケースを例に説明しますと、Aの遺産が4,000万円相当の不動産と2,000万円の預金の計6,000万円であった場合、Cが遺留分減殺請求権（遺留分1／4）を行使すると、不動産については1,000万円相当の持分、すなわち1／4の共有持分を取得し、預金については500万円を取得することとなります。預金のみを選択してそのなかから1,500万円（6,000万円の1／4）を取得することはできません。

3 遺留分減殺請求の相手方

遺留分減殺請求の相手方は、受贈者、受遺者、いわゆる相続させる遺言で特定の財産を取得する相続人です。遺産の中に預金があったとしても、その預金に関する金融機関は遺留分減殺請求の相手方にはなりません。したがって、通常、金融機関が遺留分権利者から遺留分減殺請求の通知を受けることはありません。もっとも、遺留分権利者が、受遺者らに対し遺留分減殺請求権を行使した後に、金融機関が遺言に基づく払戻しをしないよう働きかけるためとして、受遺者らに遺留分減殺請求権を行使した旨を金融機関に対し通知ないし告知することがあります。

4 金融機関の対応

遺留分権利者が遺留分減殺請求権を行使したことを知った場合において、金融機関は、払戻しを行うことはできるのでしょうか。

先に説明したとおり、遺留分は特定の遺産に対する権利ではないこと、遺留分減殺請求は受遺者等に対して行使されるものであること、遺留分を算定するにあたっては、全遺産額、遺留分権利者の取得額、相続債務額、特別受益額、遺贈額等を把握することが必要であり、これらを金融機関が把握することは困難であること等から、金融機関としては、原則として払戻しを行うことができると考えます。また、遺留分権利者に対しては、上記のような説明を行って、払戻しを行うことについての理解を求めることとなります。

第**7**章

相続預金払戻し後に問題が生じた場合

Q38
相続人全員の協議に基づき払戻しを行ったが、その後相続人の1人より、遺言が発見されたとして再度払戻請求があった場合、金融機関は責任を負うか？

A 原則として責任を負いません。

解説

1 相続人全員の協議に基づく払戻し

相続人全員の協議に基づく払戻しにあたっては、通常、相続人全員が実印を押捺した分割協議書及び印鑑登録証明書の提出を求めます。また、遺言の存否についても尋ねたうえで、遺言が存在しないことを表明してもらって請求に応じるという取扱いがなされています。

2 新たに発見された遺言に基づく払戻請求

こうした手続のもとで払戻しを行ったにもかかわらず、相続人全員の協議内容と異なる遺言が発見されたとして、相続人の1人から、その遺言に基づき相続預金の払戻請求がなされた場合に、金融機関としては、再度の払戻請求に応じなければならないのでしょうか。

たとえば、相続人ABCの協議で相続人Aが甲銀行の相続預金を取得することの合意が成立したとして、相続人Aから相続預金の払戻請求がなされ、甲銀行が相続人Aに対して預金の払戻しをした後に、相続人Bから、甲銀行の預金を相続人Bが取得する旨の記載のある遺言が新たに発見されたとして、その遺言に基づき相続預金の払戻請求がなされた場合、甲銀行としては、再度の払戻請求に応じなければならないのでしょうか。

3 債権の準占有者に対する弁済

新たに発見された遺言が有効なものならば、本来その預金は相続人

118

Bに払い戻されるべきものであり、Aに対する預金の払戻しは、正当な権限のない者に対する払戻しとして無効となるのが原則です。

　もっとも、最初の払戻しにあたって、甲銀行が故意過失なく相続人Aを預金権利者と扱って払戻しに応じた場合には、その払戻しは債権の準占有者に対する弁済として有効であり、その後に、相続人Bから、新たに遺言が発見されたとしてその遺言に基づき払戻請求がなされたとしても、甲銀行はBからの払戻請求を拒むことができます。つまり、たとえ最初の払戻しの際の相続人全員の協議の内容とは異なる遺言が発見され提出されたとしても、甲銀行が二重払いの責任を負うことはありません。

　債権の準占有者に対する弁済として有効とされるためには、故意過失がないことを要します。遺言の存否を確認しないことが過失に該当するかについて、昭和43年5月28日東京高裁判決は、

　「特段の事情のない限り預金者である被相続人の遺言の有無については、払戻しの請求をした相続人に対して一応確かめれば足り、それ以上の特別の調査をする義務はなく、これをしないでも払戻について過失があるということはできない。」

　と判示しています。したがって、上の例で、甲銀行が相続人Aに対し遺言の存否を尋ね、遺言が存在しない旨の表明がなされたうえで払戻しをしていたならば、甲銀行の過失はなく、相続人Bからの再度の払戻請求については、拒絶することができます。

Q39 遺言に基づき払戻しを行ったが、その後、より新しい遺言が発見されたとして払戻請求がなされた場合、金融機関は責任を負うか？

A 原則として責任を負いません。

解 説

1 日付の異なる遺言の効力

　日付の異なる複数の遺言があり、その内容が抵触する場合、抵触する部分について後の遺言で前の遺言を撤回したものとみなされます。遺言は、遺言者の最終意思を尊重するものですが、日付の異なる複数の遺言がある場合には、死亡日に近い後の遺言が優先されるという立場に基づくものです。遺言の抵触とは、前の遺言を失効させなければ後の遺言の内容を実現することができない程度に内容が矛盾することをいいます。

　たとえば、先に作成された遺言（第1遺言という）には、相続人ABCのうち相続人Aが甲銀行の相続預金を取得する旨が記載されていたところ、その後に作成された遺言（第2遺言という）には、相続人Bが甲銀行の預金を取得する旨が記載されていたという場合には、第1遺言の当該部分については、第2遺言により撤回されたものとみなされ、甲銀行の預金は相続人Bが取得し、受領権限を有することになります。

2 前の遺言に基づく払戻し

　上記第1遺言に基づいて、相続人Aから甲銀行に対して相続預金の払戻請求がなされ、甲銀行がこれに応じて払戻しを行ったところ、その後、より新しい第2遺言が発見されたとして、相続人Bから、第2遺言に基づき相続預金の払戻請求がなされた場合、甲銀行は、その払

120

戻請求に応じなければならないのでしょうか。

　上記１で述べたとおり、前の遺言と後の遺言の内容が抵触していた場合、前の遺言は撤回されたものとされ、甲銀行は受領権限のない者に対して払戻しをしたことになりますので、前の遺言に基づく預金の払戻しは無効となるのが原則です。

　もっとも、前の遺言に基づく払戻しにあたって、甲銀行が故意過失なく相続人Ａを預金権利者と扱って払戻しに応じた場合には、その払戻しは債権の準占有者に対する弁済として有効となり、その後に、相続人Ｂから、より新しい遺言が発見されたとしてその遺言に基づき払戻請求がなされたとしても、甲銀行はＢからの払戻請求を拒むことができます。つまり、新たに内容の異なる遺言が発見され提出されたとしても、甲銀行が二重払いの責任を負うことはありません。

　遺言者が複数の遺言を作成しているかについては、銀行としては知りえないのが通常であること、前問（Ｑ38）で紹介した昭和43年５月28日東京高裁判決が遺言の有無について一応の確認をすれば足り、特別の調査義務はないと判示していることからすれば、相続人Ａから、遺言者の遺言はこれだけですと説明されたうえで払戻しをしていたならば、甲銀行の過失はなく、相続人Ｂからの再度の払戻請求を拒絶することができます。

　もっとも、Ａに対する払戻しに先立って、もし相続人Ｂから後の日付の別の遺言がある旨の通知がなされたといった事情があるにもかかわらず、調査をせずに漫然と相続人Ａに払戻しをした場合には、過失があるとして、相続人Ｂからの払戻請求に応じなければならなくなる場合があります。

Q40 預金者が死亡したにもかかわらず、金融機関がそれを知らずに払戻しをしてしまった場合、金融機関に責任が生じることはあるか？

A 原則として責任が生じることはありません。

解説

1 預金者死亡後の払戻し

　預金者が死亡したにもかかわらず、預金者の相続人などから預金者が死亡した旨の届出・通知がなされない限りは、金融機関は預金者の死亡の事実を知りえないため、預金者が死亡したことを理由として相続預金の払戻しを停止することはありません。

　預金者が死亡したことが金融機関に通知されると、その金融機関は、通常、その後の払戻しを停止しますので、相続人は相続預金から払い戻すことができなくなります。相続人が自己名義の預金等を有していれば当座の生活資金に困ることはありませんが、たとえば、相続人が専業主婦で自己名義の預金を持っておらず、亡くなった夫名義の預金口座に給与やまとまった貯蓄が集約されていたといったケースですと、残された妻は葬儀費用の支払いや当座の生活資金の支払いにも困る状況に陥ってしまいます。

　こうしたことから、相続預金から葬儀費用や当座の生活資金を確保するためとして、相続人が金融機関に対して預金者が死亡したことを届け出ないまま、相続預金から払戻しを行うということが現実にはよくみられます。現在では、ATMでキャッシュカードを用いて払戻しを行うことが一般的ですので、相続預金のキャッシュカードと暗証番号さえあれば、ATM利用限度額まで払い戻すことができますし、また、日数をかければ預金残高全額を払い戻すことも可能です。

2　預金者の死亡を知らずに行った払戻し

　預金者には相続人ＡＢの２人の相続人がいるというケースで、相続人ＡＢともに被相続人の死亡を甲銀行に連絡・通知しない状況のもと、相続人Ａが、相続預金のキャッシュカード及び暗証番号を管理していることを好機として、預金者の死亡後に相続預金の全額を払い戻し、かつ、その払戻金を自分のものにしてしまったという場合、相続人Ｂは甲銀行に対し、相続人Ａが払い戻した金員について損害賠償請求をすることはできるのでしょうか。

　この場合、甲銀行は、預金者の死亡の事実を知りえませんので、相続人Ａが相続預金についての有効なキャッシュカード及び暗証番号を用いて払い戻した限りにおいては、その払戻しについて免責されます。金融機関の定める約款には、通常、有効なキャッシュカード及び暗証番号を用いた払戻しがなされた場合、免責される旨の定めがありますので、相続人Ｂからの賠償請求に応じる必要はありません。

　なお、もし相続人Ａからの払戻しに先立って、相続人Ｂから、預金者が死亡したこと及び相続預金からの払戻しに応じないよう通知されていたにもかかわらず、相続人Ａによる払戻しに応じたという場合（実際にも、相続預金を管理している相続人が勝手に払戻しをしないように、別の相続人が銀行に対し、預金者の死亡の通知及び払戻し停止の要請を行うことはあります）、その払戻しは銀行のリスクのもとで行われたものですので、相続人Ｂからの賠償請求に応じなければならなくなる場合があり、注意を要します。

第**8**章

取引履歴

Q41 相続人の1人から相続預金の残高証明書や取引履歴の発行依頼があった場合、これに応じるべきか？

A 応じるべきです。

解説

1 問題の背景

相続が開始しますと、被相続人の財産に関する一切の権利義務は相続人に承継されます。被相続人名義の預金も相続人が承継することになり、相続人が複数の場合、その相続財産は相続人の共有財産となります。

共同相続人の1人が、被相続人の生前から、被相続人名義の預金の通帳、届出印、キャッシュカード等を管理し、死亡後に他の相続人に対して被相続人の死亡時の預金残高や生前の取引履歴を開示しないため、他の共同相続人が相続預金の残高証明や取引履歴の発行依頼をしてくることがあります。他方、通帳等を管理している相続人からは、金融機関に対して守秘義務などを理由に預金残高や取引履歴の開示をしないよう依頼をしてくることがあります。

共同相続人の1人から残高証明書等の発行依頼があった場合、金融機関としてはどのように対応すべきなのでしょうか。

2 裁判例

かつての下級審の裁判例は、共同相続人の1人からの相続預金の取引経過の開示請求について、積極・消極の判断が分かれていました。

その後、平成21年1月22日最高裁判決は、預金契約には消費寄託契約に委任事務ないし準委任事務の性質も含まれていることから開示義務を認めたうえで、

「預金者が死亡した場合、その共同相続人の1人は、預金債権の一部を相続により取得するにとどまるが、これとは別に、共同相続人全員に帰属する預金契約上の地位に基づき、被相続人名義の預金口座についてその取引経過の開示を求める権利を単独で行使することができる（民法264条、252条ただし書）というべきであり、他の共同相続人全員の同意がないことは上記権利行使を妨げる理由となるものではない。」

と判示し、共同相続人の1人からの相続預金の取引経過の開示請求を認め、金融機関が被相続人の口座を開示しても原則守秘義務違反とはならないとしました。

したがって、相続人の1人から相続預金の残高証明書や取引履歴の発行依頼があった場合、これに反対する相続人がいたとしても、これに応じなければなりません。

なお、平成28年12月19日最高裁大法廷決定は、預金については相続と同時に当然に相続分に応じて分割されることはなく、遺産分割の対象になると判示し、これまで預金は相続開始と同時に共同相続人が法定相続分に従い分割して承継するとしていた判例を変更しましたが、前掲平成21年最高裁判決を変更するものではありませんので、共同相続人の1人からの開示請求については、応じる必要があります。

3　実務上の留意点

相続人の1人から相続預金の残高証明書や取引履歴の発行依頼があった場合、相続人であることを証する書類（戸籍謄本等）の提出を受けたうえで、相続人であることが確認できれば開示に応じます。

相続人の1人から相続預金に関する振込依頼書や払込伝票の発行依頼があった場合、これに応じるべきか？

A 応じるべきです。

解説

1 問題の背景

　共同相続人の1人が、被相続人と亡くなる直前まで同居し、日常生活を共にしていたという場合、被相続人に同行して銀行での手続に付き添うことや、被相続人名義の預金の通帳、届出印、キャッシュカード等を事実上管理して、入出金や振込手続等を代行していたということは、しばしばみられます。被相続人が亡くなった後に、通帳等を保管していない相続人が請求した取引経過の開示によって、相続預金から第三者の口座へまとまった金額の振込送金がなされていたことが判明した場合、誰が実際の振込手続等を行ったのかが争いになることがあります。

　被相続人が自ら振込手続等を行った場合には、自己の意思に基づいて手続を行ったといえることが多いと思われます。他方、被相続人の認知能力が低下しており、付き添った相続人に言われたとおり手続書類に必要事項を記載して手続を行ったという場合には、本当に被相続人が自らの意思で行ったかどうかについて疑義が生じます。また、被相続人本人ではなく、被相続人と同居していた相続人が単独で振込手続等を行った場合には、被相続人の依頼・要請に基づいて行われたのか否か、あるいは、そもそも被相続人に無断で行ったのではないかといったことが問題になります。

　こうした場合、誰が実際の振込手続等を行ったのかを調査するためとして、共同相続人の1人から振込依頼書や払込伝票の発行依頼がな

されることがあります。他方で、被相続人と同居していた相続人から
は、金融機関に対して守秘義務などを理由に振込依頼書等を発行しな
いよう依頼がなされることがあります。

　共同相続人の1人から振込依頼書等の発行依頼があった場合、金融
機関としてはどのように対応すべきなのでしょうか。

2　金融機関の対応

　前問（Q41）で紹介した平成21年1月22日最高裁判決は、共同相
続人の1人からの相続預金の取引経過の開示請求に関する事案ですが、
この判決が示した預金契約の性質や相続人の1人による権利行使の可
否についての判断は、相続預金全般に及ぶものと考えられます。した
がって、共同相続人の1人は、相続預金に関する振込依頼書や払込伝
票の発行請求についても、単独で権利行使しうると考えられます。

　したがって、相続人の1人から相続預金に関する振込依頼書や払込
伝票の発行依頼があった場合、金融機関としては、これに反対する相
続人がいたとしても、これに応じなければなりません。

　金融機関としては、相続人同士の争いに巻き込まれることを避ける
ため、相続人全員から発行請求がなされた場合にのみ発行請求に応じ
るという考えもありますが、もし共同相続人の1人からの発行請求に
応じなかった場合、その相続人から損害賠償請求等を求められるおそ
れもありますので、慎重な対応が必要になります。

第**8**章

取引履歴

Q43 弁護士会照会により、預金関係書類の開示依頼があった場合、これに応じるべきか?

A 照会を求める理由を精査したうえで、応じるか否かを判断すべきです。

解説

1 弁護士会照会とは

弁護士会照会とは、弁護士が依頼を受けた事件について、証拠や資料を収集し、事実を調査するなど、その職務活動を円滑に行うために設けられた法律上の制度です。

弁護士は、依頼者から委任を受けて紛争を解決するために職務を遂行しますが、その前提として、事実関係を立証するための資料を収集することは必要不可欠です。ところが、依頼者本人がこうした資料を所持しているとは限りませんので、資料を有していると考えられる官公庁や企業などの団体に対して、必要事項を照会することが必要となることがあります。

弁護士は、「基本的人権を擁護し、社会正義を実現することを使命」とし、依頼を受けた事件について、依頼者の利益を守る視点から真実を発見し、公正な判断がなされるように職務を行います。このような弁護士の職務の公共性から、情報収集のための手段を設けることとし、その適正な運用を確保するため弁護士会に対し、照会の権限が法律上認められているものです。

2 弁護士会照会に回答する義務はあるか

弁護士会照会は、法律で定められている制度であるため、原則として回答・報告する義務があり、例外として、照会の必要性・相当性が

欠けている場合には回答・報告しなくてもよいものと考えられています。裁判例でも、照会を受けた照会先に報告・回答義務があることが認められたものがあります（金融機関に対する照会請求につき、平成12年5月25日広島高裁岡山支部判決）。

3　個人情報を回答することは個人情報保護法に反しないか

個人情報の保護に関する法律は、本人の同意がなくても第三者に情報を提供できる場合として「法令に基づく場合」を挙げています。この法令には弁護士法が含まれています。

したがって、本人の同意なしで、個人情報を含む回答を弁護士会にすることができます。個人情報保護法について分野ごとに作成された各種のガイドラインにも、弁護士会照会が法令に基づく場合であることが明示されています。

4　回答したことによって損害賠償を請求されることはないか

弁護士法には、回答者が照会に応じて回答した場合に損害賠償責任を免れるという規定はありませんが、金融機関が必要性と合理性のある照会請求に応じて回答した場合には、違法性、過失は認められず、損害賠償責任を負うことはないと考えられます。裁判例にも、金融機関が弁護士会照会に対して、預金の取引明細表及び取引時の伝票の写しを送付した場合において、照会には必要性、合理性があり、金融機関担当者には違法性、過失は認められないとして不法行為の成立を否定したものがあります（前掲広島高裁岡山支部判決）。

なお、照会請求書類の記載内容が不明で、回答に不安がある場合には、弁護士会又は照会を行った弁護士に問合せを行い、漫然と回答しないようにする必要があります。

Q44 裁判所の文書送付嘱託により預金関係書類の開示依頼があった場合、これに応じるべきか？

A 応じるべきです。

解説

1 文書送付嘱託とは

　民事訴訟では、裁判の証拠として必要な文書を第三者が所持している場合には、文書の所持者に対して、その文書を裁判所に送付（提出）するよう求めることができます。これを文書送付嘱託といいます。その性質については争いがありますが、現在の裁判実務では頻繁に利用され、真実に基づく民事裁判の実現のために重要な役割を担っています。文書送付嘱託と同じような制度として、第三者に対し一定の事実関係等を照会する調査嘱託というものもあります。

　裁判所は、訴訟当事者の申立てを受けて、真実発見などのためその文書を証拠とすることが必要であると判断したものについて、送付嘱託を行います。したがって、訴訟の争点との関連性の低い文書や、そもそも関連性の認められない文書について、たとえ当事者が送付嘱託の申立てを行ったとしても、裁判官が送付嘱託を認めない場合があります。つまり、送付の必要性の認められない文書については、裁判所が送付嘱託を行うことはありません。

　文書送付嘱託は、文書を所持する第三者に対し、あくまでも任意の提出を要請する制度であり、強制力はなく、その第三者が何らかの理由で文書の提出を拒否したとしても、罰則はありません。もっとも、真実を探求し、ひいては国民の権利義務を守るべきことを目的とする裁判所が、真実発見などのために必要な文書について送付嘱託を行うものですから、裁判所から文書送付嘱託がなされた場合には、できう

る限り応じる必要があります。

2　文書送付嘱託と個人情報保護法との関係

　裁判所から送付嘱託を求められた文書に、何らかの個人データが記載されていた場合、送付嘱託に応じることは、個人情報保護法に違反するのではないかという問題がありますが、送付嘱託は、民事訴訟法に基づいて裁判所がしているものであることから、本人の同意がなくても第三者に情報を提供できる場合である「法令に基づく場合」に該当します。したがって、裁判所が送付を求めている文書に何らかの個人データが含まれている場合でも、個人情報保護法違反に問われるおそれはありません（平成19年2月20日大阪高裁判決）。

3　送付嘱託に応じたことにより損害賠償を請求されることはないか

　裁判所から送付嘱託を求められた文書に個人のプライバシー等に関する情報が記載されていた場合、その個人の同意なく送付嘱託したことが損害賠償の対象となりうるかについて、前掲大阪高裁判決は、交通事故の被害者が加害者を相手方として申し立てた民事調停において裁判所が診療録の文書送付嘱託をした場合、調停の申立人である患者の同意を得ないで医師が診療録を送付しても、正当行為として違法性を阻却され、患者のプライバシーを侵害する不法行為にはならないと判示しました。したがって、損害賠償を請求されることはありません。

第**8**章

取引履歴

133

第
9
章

相続預金の相殺・差押え

Q45 相続預金について、相殺をすることはできるか？

A 金融機関が被相続人に対して貸付債権を有していた場合、相殺できると考えられます。また、金融機関が相続人に対して貸付債権を有していた場合、相殺できると考える余地はあります。

解説

1 金融機関が被相続人に対して貸付債権を有していた場合

　金融機関が被相続人に対して貸付債権を有していた場合、金銭債権は、相続開始により法定相続分に応じて分割承継されることになるため、各共同相続人が各自の法定相続分に応じて貸付債務を分割承継することになります。

　他方、預金債権は、これまでの裁判例によれば、法定相続分に従って分割承継されることとされていたため、金融機関としては、被相続人について相続が開始した後、それぞれの共同相続人との間で、貸付債権と預金債務とを対等額で相殺することができました。ところが、平成28年12月19日最高裁大法廷決定により、預金債権は、相続開始と同時に当然に相続分に応じて分割されることはないとされ、遺産分割の対象となるとされました。相続人は、預金債権について、具体的相続分で準共有するということになります。そのため、従前どおり相殺できるかどうかについて、問題があります。

　この点について、これまで当然に可能であった預金と貸金との相殺ができなくなると大きな影響が生じることから、結論としては相殺できるという見解が妥当であると考えられますが、理論的には、各相続人の法定相続割合ごとに持分と相殺するということになると考えられます。預金債務と貸付債権との相殺を行う場合、相殺の意思表示を通

136

知する必要があるところ、相続が開始した場合には、相続人全員に対して通知を行う必要があります。

2　金融機関が相続人に対して貸付債権を有している場合

　金融機関が相続人に対して貸付債権を有している場合、相続預金をもって相殺することができるかについて、従前は、相続預金は法定相続分に従って各相続人に当然に分割するとされていたことから、債務者たる相続人の相続分の範囲であれば、相殺することもできると解されていました。

　ところが、平成28年12月19日最高裁大法廷決定により、預金は相続開始と同時に当然に相続分に応じて分割されることはないとされ、遺産分割の対象となるとされたことから、遺産分割がなされる前の段階では、各相続人は、相続預金を具体的相続分で準共有することとなったため、相殺できるかどうか問題が生じることになりました。

　この点、従前から遺産分割の対象と考えられていた相続不動産に関しては、相続人の債権者が債権者代位権を行使して法定相続分に従った持分登記を経由し、その相続人の持分に対して差押えをする方法が認められていることから、預金についても同様に、預金の上の持分に対する差押えや相殺をすることができるのではないかという見解があります。

　理論上は、預金債権の準共有持分の差押えや相殺を否定する理由はないことから、相続人の法定相続分での相殺はできると解する余地はあります。もっとも、この点についての裁判例はなく、今のところ学説や金融実務でも解釈が確立されているわけではありません。したがって、実際に相殺する場合には、さまざまなリスクを考慮する必要があります。

第9章

相続預金の相殺・差押え

137

Q46 相続預金について、被相続人の債権者は差押えをすることができるか？

A 差押えをすることができます。

解説

1 相続債権者による相続預金の差押え

　被相続人が負担していた債務（金銭債務）は、被相続人の相続開始により、各共同相続人が各自の法定相続分に応じて分割承継することになります。他方、被相続人の有していた財産、すなわち遺産は、遺言が存する場合等は別として、相続開始により共同相続人の共有状態になります。

　被相続人の債権者（相続債権者）は、被相続人の遺産に属する財産の全共有持分を差し押さえることが可能です。そのため、遺産に属する個々の財産を差し押さえて、取立てや換価等により債権の回収を図ることができます。差押可能財産であれば差押えを行うことはできますので、不動産はもちろんのこと、相続預金についても差押えを行うことができます。平成28年12月19日最高裁大法廷決定は、預金債権について、相続開始と同時に当然に相続分に応じて分割されることはないとされ、遺産分割の対象となると判示し、これまでの判例解釈を変更しましたが、相続債権者による相続預金の差押えについては、取扱いが大きく変わるものではありません。

　相続債権者による相続預金の差押えは、理論的には、共同相続人それぞれが有する相続預金についての準共有持分を差し押さえることになります。差押えを行う時点では、当の債務者である相続人は死亡していますので、相続人を相手として差押えを行うことになります。

138

2　相続人が不存在、不明の場合

　被相続人の遺産として預金や不動産があるにもかかわらず、たとえ
ば、相続人がみな相続放棄をしてしまい、相続人が不存在となった場
合や、戸籍上相続人がいるものの所在不明の場合には、相続債権者は
どのようにすればよいのでしょうか。

　こうしたケースでは、相続債権者は、利害関係人として、家庭裁判
所に相続財産管理人の選任を申し立てて、裁判所に相続財産管理人を
選任してもらい、相続財産管理人が行う配当手続において、債権の回
収を図ることになります。相続財産管理人は、その職責として相続財
産から相続債権者に対して債務を弁済・配当しますので、相続債権者
としては、相続財産管理人を相手として、個別に相続預金を差し押さ
える必要はありません。

3　相続人が多額の債務を負担している場合

　相続人が自己の債権者に多額の債務を負担している場合、被相続人
の遺産からまとまった預金や不動産を取得したとしても、自己の債権
者に対する返済に充ててしまい、相続債権者に対する返済ができなく
なってしまう場合があります。このような相続財産の混在を避けるた
め、相続債権者としては、第1種相続財産分離という手続を行うこと
ができます。

　相続財産管理人の選任の申立てと同様、家庭裁判所に、相続財産分
離の請求を行います。裁判所は、相続人又は相続産管理人に相続財産
の管理を命じ、その後、配当加入申出公告がなされ、所定の期間を経
過した後に、配当手続が行われます。この場合も、相続債権者として
は、相続人又は相続財産管理人を相手として、個別に相続預金を差し
押さえる必要はありません。

Q47 相続預金について、相続人の債権者は差押えすることができるか？

A 差押えすることはできると考える余地はあります。

解説

1 相続預金の差押え

相続人の債権者が、相続預金について差押えをすることができるかという点に関して、従前は、相続預金は法定相続分に従って各相続人に当然に分割するとされていたことから、預金名義は被相続人のものであっても、分割相続された相続人の預金に対する差押えとしての効力が生ずると解されていました。

ところが、平成28年12月19日最高裁大法廷決定により、預金は相続開始と同時に当然に相続分に応じて分割されることはないとされ、遺産分割の対象となるとされたことから、遺産分割がなされる前の段階では、各相続人は、相続預金を具体的相続分で準共有することとなったため、差押えできるかどうか問題が生じることになりました。

この点、相続預金について相殺できるかという問題（Q45）と同様に、従前から遺産分割の対象と考えられていた相続不動産に関しては、相続人の債権者が債権者代位権を行使して法定相続分に従った持分登記を経由し、当該相続人の持分に対して差押えをする方法が認められていることから、預金についても同様に、預金の上の持分に対する差押えや相殺をすることができるのではないかという見解があります。

理論上は、預金債権の準共有持分の差押えや相殺を否定する理由はないことから、相続人の法定相続分での差押えはできると解する余地はあります。もっとも、この点についての裁判例はなく、今のところ学説や金融実務でも解釈が確立されているわけではありません。

2 取立てはできるか

　また、実際に差押えが可能であったとして、そのあとに取立てを行うことができるかどうかという問題があります。すなわち、取立てを認めるということは、預金債権の払戻しを認めたのと等しいことになりますので、たとえ差押えはできたとしても、取立てまではできないのではないかという問題があります。

　相続人の債権者が準共有持分を差し押さえたとしても、遺産共有の状態は維持されていることになりますので、差押えがなされた後の共有状態の解消は、遺産分割で行うことになります。取立てまではできないとなると、差押債権者としては、換価は遺産分割の終了を待たなければならないことになります。

第10章

その他

Q48 最高裁決定以前に、法定相続分に応じて預金が払い戻されていた場合、金融機関が責任を負うことはあるか

A 　金融機関が、平成28年12月19日最高裁大法廷決定（以下「最大決」）以前に、法定相続分に応じて預金の払戻しをしていたとしても、金融機関が責任を負うことはありません。

解 説

1　最大決以前の金融機関の実務

　最大決以前の金融機関の相続預金実務としては、相続人全員の署名捺印（印鑑登録証明書）を得て相続手続を行うことを基本的な取扱いとしてきました。これは、金融機関は直接の相続当事者ではなく、相続にかかわる権利関係について、充分に把握していないのが通常なので、預金払戻しの紛争を回避するにも、相続人全員の了解を得て、払戻しを行うのを本則としたものです。

　しかし、可分債権は、相続開始時に当然に法定相続分に応じて分割されるとする昭和29年4月8日最高裁判決や、預金債権について相続人がその法定相続分の範囲内で受け取ることは不当利得、不法行為とはならないが、法定相続分を超えて受け取ることは不当利得、不法行為となるとの平成16年4月20日最高裁判決などがあり、金融機関においても、相続人から法定相続分の支払請求に応じることを認める実務取扱いも多くなってきていました。

2　最大決以前の法定相続分に基づく払戻請求に応じた取扱いについての評価

　最大決では、遺産分割の対象となる預貯金債権は、遺産分割までの間、共同相続人全員が共同して行使しなければならないとされました。

最大決では、判決の遡及効について特段の言及がなされていませんが、相続預金の一般的な法的性質にかかわる判断ですから、理論的には平成28年12月19日以前に発生した相続についても上記判例が適用されるものと考えられます。

　これは、平成29年4月6日最高裁判決が、相続開始（被相続人死亡）が平成22年10月であったケースにおいて、相続人の1人から金融機関に対する法定相続分に基づく定期預金及び定期積金の払戻支払請求について、最大決の法理に基づき、相続人の1人からの請求を棄却していることからも明らかです。

　しかし、最大決以前に当時の判例の考え方に従って金融機関が法定相続分に基づく払戻しを現実に行っていた場合には、その金融機関が行った払戻しは、債権の準占有者に対する弁済として有効なものとして扱われると考えられます。

　したがって、最大決以前に全部の相続人らに法定相続分の払戻しをなして、金融機関として、支払処理を終えている場合には、その後に金融機関は、受け取った相続人らに支払金の返還請求をする必要もありませんし、相続人から受け取った相続分を超える分については、二重の支払いを強いられる危険もないと考えます。

Q49 最高裁決定以前に、一部の相続人に対して預金を法定相続分にて払い戻していた場合、金融機関は最高裁決定後に他の相続人に対して預金を法定相続分にて払い戻す必要があるか？

A 最高裁決定前に、一部の相続人に対し法定相続分に基づく預金の払戻しをしていたとしても、最高裁決定が出された以降は、金融機関は他の相続人に対して法定相続分による預金を払い戻す必要がありません。

解説

1 平成28年12月19日最高裁大法廷決定(以下「最大決」)以前の金融機関の実務

最大決以前においては、金融機関は、相続人全員の署名捺印（印鑑登録証明書）を得たうえで相続預金の払戻しをするのを本則としつつも、一部相続人からの法定相続分に基づく相続預金の払戻請求に応じることも許容してきたというのが実際の取扱いの傾向でした。

したがって、最大決が出される以前には、金融機関は、一部の相続人から法定相続分の請求に応じて、払戻しをすることが、実際上も多くなされていました。

2 最大決以降の金融機関の取扱い

最大決は、預金について相続開始と同時に法定相続分に従い当然に分割となるという従前の判決（平成16年4月20日最高裁判決）を覆して、預金について相続開始により遺産準共有に属し、遺産分割の対象となることを明確に示したものです。

したがって、この最大決に従うならば金融機関は、一部が払い戻されているとしても、残された預金について、法定相続分による当然分割とはなりませんから、他の相続人から法定相続分に基づく払戻しの

請求があっても、これに応じるべきではなく、相続人全員の署名押印（印鑑登録証明書）付きの相続払戻請求書、遺産分割協議書、遺産分割調停調書、遺産分割審判書等の提出を求めるべきです。

3　相続人間の取扱いの不均衡

　そうすると、従前、一部の相続人からの法定相続分による払戻しに応じたのに、最大決以降、他の相続人に対して、法定相続分に応じた支払いをしないと、相続人間において不公平が生じるようにもみえます。

　しかし、金融機関としては、最大決が出された以上、それに従った相続預金の実務取扱いをなすべきであって、最大決が出される前と後での異なる取扱いが生じることは、やむをえないものというべきです。

4　相続人間の不均衡の調整

　最大決が出される前に一部の相続人が法定相続分による払戻しを受けている場合には、（残りの預金を含む）遺産を分割するに際しては、(a)同額をその相続人が保管している（遺産としての）現金として、全相続人で合意して処理する、あるいは、(b)払戻額を相続人の先取得分として、その相続人が得た特別受益に準じて扱うなどの方法にて、相続人間の不均衡の是正を図るべきこととなります。

第10章

その他

147

Q 50 相続法改正において、金融実務に影響を与える可能性がある点はなにか？

A 　相続法改正において、預貯金債権の遺産分割における取扱いについて、審議されており、平成28年12月19日最高裁大法廷決定（以下「最大決」）をふまえて、最終的にどのような内容で決着するかが注目されます。仮に、遺産分割の協議が成立する、又は、遺産分割の家事審判が下されるまでの間、預貯金を払い戻せないのを基本原則とした場合には、それで生じる不都合に対する措置（たとえば仮払い制度等）が盛り込まれるかが注目されます。

解　説

1　平成28年7月相続法改正・中間試案

　平成28年7月の法制審議会「民法（相続関係）等の改正に関する中間試案」では、「可分債権の遺産分割における取扱い」について、

　[甲案]可分債権は相続の開始により当然に分割されることを前提にしつつ、これを遺産分割の対象に含めるが、原則として、各相続人に、遺産分割前でも、分割された債権を行使することができるとする案

　[乙案]可分債権を遺産分割の対象に含めることとし、かつ、遺産分割が終了するまでの間、可分債権の行使を禁止する案

の両案が示されていました。

　その後、最大決が出され、最高裁の考え方は、預貯金について[甲案]を否定したものであり、[乙案]の結論（遺産分割の対象とすること、遺産分割終了までの間の権利行使はできないとすること）を採ったものといえます。

　なお、最高裁は、預貯金について、そもそも可分債権であるという言及はしていません。上記最高裁決定は可分債権全体についての考え

方を示したものではなく、預貯金債権の取扱いのみについて判示したものと見られますので、最高裁は前記［乙案］そのものをまるごと採用したものとはいえないものです。

　この最大決をふまえ、相続法改正において、預貯金の遺産分割について、最終的に、どのような決着をみるのか大いに注目されます。

2　平成29年7月追加試案

　平成29年7月、法制審議会の民法（相続関係）部会は、「中間試案後に追加された民法（相続関係）等の改正に関する試案（追加試案）」を公表しました。

　その内容の概要は以下のとおりです。

⑴　遺産分割に関する見直し等

①　配偶者保護のための方策（持戻し免除の意思表示の推定規定）

　婚姻期間が20年以上である夫婦の一方が他の一方に対し、居住の用に供する建物又は敷地の全部又は一部を遺贈又は贈与したときは、民法903条3項（持戻し免除）の意思表示があったものと推定する規定を設けるものです。

②　仮払い制度の創設・要件明確化

　遺産である預貯金債権の全部又は一部について、払戻しを認める必要があるときに、家事事件手続法の保全処分の要件を緩和したり、あるいは、家庭裁判所の判断を経なくても一定限度で、単独での払戻しを認める規定を設けるものです。

③　遺産の一部分割の明確化

　遺産の一部分割は、実際上、行われてきましたが、法制度上は必ずしも明確でなかったので、これが可能であることを明定し、家庭裁判所に一部分割を請求できること（ただし、共同相続人の1人又は数人の利益を害するおそれのあるときは除く）と定めるものです。

④　相続開始後の共同相続人による財産処分

　これについては、

［甲案］当該処分をした財産については、遺産分割の時において遺産としてなお存在しているものとみなす案

［乙案］当該処分をした者に対し、一定の計算式で算定した償金を請求しうることとする案

があげられています。

⑵　遺留分制度の見直し

遺留分減殺請求権の効力及び法的性質の見直しとして、遺留分侵害額の金銭的請求権とする案、受遺者又は受贈者の負担額等の定めをより明確にする案、受遺者又は受贈者の現物給付についての規律を定める案、等があげられています。

3　金融実務への影響

相続法改正に関しては、上記のうち、預貯金の遺産分割における取扱いの内容、関連して創設される「仮払い制度」の内容等が金融実務に影響を与えるものとして注目されます。

裁判例索引

民集＝最高裁判所民事判例集

昭和 29 年 4 月 8 日最高裁判決（民集 8 巻 4 号 819 頁）⋯⋯⋯⋯⋯⋯⋯⋯⋯44、144
＊相続人数人ある場合において、相続財産中に金銭の他の可分債権あるとき
は、その債権は法律上当然分割され各共同相続人がその相続分に応じて権
利を承継するものと解すべきであるとした事例

昭和 30 年 5 月 10 日最高裁判決（民集 9 巻 6 号 657 頁）⋯⋯⋯⋯⋯⋯⋯⋯⋯⋯⋯104
＊民法第 1015 条の規定は、受遺者が自ら遺贈の目的物につき仮処分を申請
することを妨げるものではないとした事例

昭和 32 年 11 月 15 日東京高裁判決（下級裁判所民事裁判例集 8 巻 11 号
2102 頁）⋯⋯⋯⋯⋯⋯⋯⋯⋯⋯⋯⋯⋯⋯⋯⋯⋯⋯⋯⋯⋯⋯⋯⋯⋯⋯⋯⋯⋯⋯⋯⋯⋯100
＊家庭裁判所で検認を受けた遺言が無効であるとの被控訴人の主張が認めら
れた事例

昭和 34 年 6 月 19 日最高裁判決（民集 13 巻 6 号 757 頁）⋯⋯⋯⋯⋯⋯⋯⋯⋯⋯44
＊連帯債務者の一人が死亡し、その相続人が数人ある場合に、相続人らは、
被相続人の債務の分割されたものを承継し、各自その承継した範囲におい
て、本来の債務者とともに連帯債務者となると解すべきであるとした事例

昭和 35 年 8 月 31 日大阪家裁堺支部審判（家庭裁判月報 14 巻 12 号 128 頁）
⋯⋯⋯⋯⋯⋯⋯⋯⋯⋯⋯⋯⋯⋯⋯⋯⋯⋯⋯⋯⋯⋯⋯⋯⋯⋯⋯⋯⋯⋯⋯⋯⋯⋯⋯⋯⋯20
＊遺産分割審判事件において、家事審判規則第 110 条により土地家屋の明渡
し等を命ずる審判をした事例

昭和 40 年 2 月 2 日最高裁判決（民集 19 巻 1 号 1 頁）⋯⋯⋯⋯⋯⋯⋯⋯⋯⋯⋯⋯20
＊養老保険契約において被保険者死亡の場合の保険金受取人が単に「被保険
者死亡の場合はその相続人」と指定されたときは、当該保険金請求権は、
保険契約の効力発生と同時に、右相続人たるべき者の固有財産となり、被
保険者の遺産より離脱しているものと解すべきであるとした事例

昭和 41 年 7 月 1 日大阪高裁決定（家庭裁判月報 19 巻 2 号 71 頁）⋯⋯⋯⋯⋯80
＊親権者と未成年の子との共同相続において、未成年の子につき特別代理人
を選任することなく遺産分割手続を行なうのは違法であるとした事例

昭和 43 年 5 月 28 日東京高裁判決（判例タイムズ 226 号 158 頁）⋯⋯119、121
＊預金者の相続人から払戻請求を受けた場合、銀行側としては当該預金の払
戻を請求した相続人が正当な相続人であることを確認するほか、特段の事

情のない限り預金者である被相続人の遺言の有無については、払戻の請求
をした相続人に対し一応確かめれば足り、それ以上特別の調査をする義務
はなく、これをしないでも払戻について過失があるということはできない
とした事例

昭和 44 年 1 月 29 日京都地裁判決（判例タイムズ 233 号 117 頁）················69
＊民法 936 条の相続財産管理人は、相続財産の管理および債務の弁済に必要
な一切の行為をする権限を取得し、他の相続人は、相続財産に対する管理
処分の権限を失い、右相続財産管理人は、他の相続人を被告とする相続債
務履行請求訴訟において、他の相続人の法定代理人たる地位を取得すると
した事例

昭和 51 年 1 月 28 日名古屋高裁判決（金融法務事情 795 号 44 頁）················48
＊当座口振込の被仕向店が、誤って正当な受取人でない者の預金口座へ入金
記帳して、入金案内をしたからといって、入金案内を受けた者が預金債権
を取得することはないとした事例

昭和 51 年 3 月 18 日最高裁判決（民集 30 巻 2 号 111 頁）················19
＊相続人が被相続人から贈与された金銭をいわゆる特別受益として遺留分算
定の基礎となる財産の価額に加える場合には、贈与の時の金額を相続開始
の時の貨幣価値に換算した価額をもって評価すべきであるとした事例

昭和 57 年 3 月 30 日最高裁判決（金融法務事情 992 号 38 頁）················90
＊記名式定期預金契約において、預入行為者が出捐者から交付を受けた金銭
を横領し自己の預金とする意図で記名式定期預金をしたなどの特段の事情
の認められない限り、出捐者をもって記名式定期預金の預金者とするのが
相当であるとした事例

昭和 58 年 3 月 18 日最高裁判決（家庭裁判月報 36 巻 3 号 143 頁）·············101
＊遺言の解釈にあたっては、遺言書の文言を形式的に判断するだけでなく、
遺言者の真意を探究すべきものであり、遺言書の特定の条項を解釈するに
あたっても、当該条項と遺言書の全記載との関連、遺言書作成当時の事情
及び遺言者の置かれていた状況などを考慮して当該条項の趣旨を確定すべ
きであるとした事例

昭和 62 年 4 月 23 日最高裁判決（民集 41 巻 3 号 474 頁）················105
＊遺言執行者がある場合には、相続人が遺贈の目的物についてした処分行為
は無効であるとした事例

平成 3 年 4 月 19 日最高裁判決（民集 45 巻 4 号 447 頁）················106
＊①特定の遺産を特定の相続人に「相続させる」趣旨の遺言は、遺言書の記

載から、その趣旨が遺贈であることが明らかであるか又は遺贈と解すべき
特段の事情のない限り、当該遺産を当該相続人をして単独で相続させる遺
産分割の方法が指定されたものと解すべきであるとした事例、②特定の遺
産を特定の相続人に「相続させる」趣旨の遺言があった場合には、当該遺
言において相続による承継を当該相続人の意思表示にかからせたなどの特
段の事情のない限り、何らの行為を要せずして、当該遺産は、被相続人の
死亡の時に直ちに相続により承継されるとした事例

平成9年7月25日東京地裁判決（判例タイムズ971号167頁）……………69
＊限定承認された相続財産である預金債権を受働債権とする貸金債権による
　相殺は、同債権が限定承認の申述前に取得され、債権債務に対立関係が生
　じていたものである場合には限定承認の申述受理後であっても許されると
　した事例

平成10年6月12日東京地裁判決（金融・商事判例1056号26頁）…………47
＊税金の支払に関する口座振替の委任契約が成立し、委任者の死亡後に引落
　しがなされた本件において、右引落しは委任契約に基づく裁量の余地のな
　い実行行為であるから、委任者の死亡後は引落しをしない旨の特約がある
　などの特別の事情のない限り、委任者の死亡後も事務管理として行い得る
　行為であり、右特別の事情の認められない本件においては、引落しは有効
　であるとした事例

平成12年5月25日広島高裁岡山支部判決（判例時報1726号116頁）
………………………………………………………………………………131
＊金融機関が弁護士法23条の2に基づく照会に対し、照会が預金元帳の写
　しの送付要求であるのに預金の取引明細表と取引時の伝票の写しを送付し
　たことにつき違法性がなく、また、担当者に過失の責めを問うことができ
　ないとされた事例

平成13年6月28日東京地裁判決（判例タイムズ1086号279頁）……………98
＊遺産分割方法の指定を遺言執行者に委託していたところ、遺言において相
　続人らが遺言執行者の同意なく遺言と異なる内容の遺産分割協議に基づい
　て相続登記を行ったので、遺言執行者が遺言どおりの所有権移転登記手続
　を求めたが、相続人間で贈与や交換をしているものとして、私的自治の原
　則に照らし有効な合意であるとして、遺言執行者の請求を棄却した事例

平成13年11月22日最高裁判決（民集55巻6号1033頁）………………………27
＊遺留分減殺請求権は、遺留分権利者が、これを第三者に譲渡するなど、権
　利行使の確定的意思を有することを外部に表明したと認められる特段の事
　情がある場合を除き、債権者代位の目的とすることができないとした事例

153

平成 14 年 2 月 22 日東京地裁判決（金融法務事情 1663 号 86 頁）················107
＊預金債権を含む財産全部を遺贈させる趣旨の包括遺贈がされた場合、遺言
　執行者は、遺言執行行為として、銀行に対して預金の払戻請求ができると
　した事例

平成 15 年 4 月 23 日東京高裁判決（金融法務事情 1681 号 35 頁）················107
＊遺産に属する預金等を共同相続人の一部に包括的に取得させ、遺言執行者
　を指定する内容の自筆証書遺言が主張された場合には、遺言執行の余地が
　なく、遺言執行者に預金等の払戻し等に関する権限がないとされた事例

平成 16 年 4 月 20 日最高裁判決（金融法務事情 1711 号 32 頁）
　···44、144、146
＊共同相続人甲が相続財産中の可分債権につき権限なく自己の相続分以外の
　債権を行使した場合には、他の共同相続人乙は、甲に対し、侵害された自
　己の相続分につき、不法行為に基づく損害賠償又は不当利得の返還を求め
　ることができるとした事例

平成 16 年 10 月 29 日最高裁判決（民集 58 巻 7 号 1979 頁）·······················20
＊被相続人を保険契約者及び被保険者とし、共同相続人の 1 人又は一部の者
　を保険金受取人とする養老保険契約に基づき保険金受取人とされた相続人
　が取得する死亡保険金請求権は、民法 903 条 1 項に規定する遺贈又は贈与
　に係る財産には当たらないが、保険金の額、この額の遺産の総額に対する
　比率、保険金受取人である相続人及び他の共同相続人と被相続人との関係、
　各相続人の生活実態等の諸般の事情を総合考慮して、保険金受取人である
　相続人とその他の共同相続人との間に生ずる不公平が民法 903 条の趣旨に
　照らし到底是認することができないほどに著しいものであると評価すべき
　特段の事情が存する場合には、同条の類推適用により、特別受益に準じて
　持戻しの対象となるとした事例

平成 19 年 2 月 20 日大阪高裁判決（判例タイムズ 1263 号 301 頁）·············133
＊裁判所の文書送付嘱託に応じて文書を送付することは、個人情報の保護に
　関する法律 23 条 1 項 1 号の「法令に基づく場合」に当たり、個人データ
　の第三者への提供が同項により制限されることはないとされた事例

平成 21 年 1 月 22 日最高裁判決（民集 63 巻 1 号 228 頁）·········108、126、129
＊預金者の共同相続人の一人は、共同相続人全員に帰属する預金契約上の地
　位に基づき、被相続人名義の預金口座の取引経過の開示を求める権利を単
　独で行使することができるとした事例

平成 23 年 2 月 22 日最高裁判決（民集 65 巻 2 号 699 頁）·······················94
＊遺産を特定の推定相続人に単独で相続させる旨の遺産分割の方法を指定す

る「相続させる」旨の遺言は、当該遺言により遺産を相続させるものとされた推定相続人が遺言者の死亡以前に死亡した場合には、当該「相続させる」旨の遺言に係る条項と遺言書の他の記載との関係、遺言書作成当時の事情及び遺言者の置かれていた状況などから、遺言者が、上記の場合には、当該推定相続人の代襲者その他の者に遺産を相続させる旨の意思を有していたとみるべき特段の事情のない限り、その効力を生ずることはないとした事例

平成 24 年 1 月 25 日東京地裁判決（金融・商事判例 1400 号 54 頁）………107
＊遺産である預金債権を特定の相続人に相続させる旨の遺言で遺言執行者に指定された者に対する当該預金の払戻しを拒絶した金融機関は、その対応が債務不履行と評価されることがあり得るとしても、当該遺言が自筆証書遺言であって、法定相続人間に複雑な人的関係があったことのほか、その一部の親権者が相続届への署名捺印を拒んでいただけでなく、他の一部の親権者の意思確認もできていない状態で遺言執行者から払戻請求訴訟が提起された判示の事実関係の下においては、金融機関が二重払いの危険回避等を重視して払戻しを拒絶したことについても、直ちに不法行為に該当するというような高度の違法性を認めることができない以上、不法行為責任を負わないとした事例

平成 26 年 2 月 25 日最高裁判決（民集 68 巻 2 号 173 頁）…………55、56、58
＊①共同相続された委託者指図型投資信託の受益権は、相続開始と同時に当然に相続分に応じて分割されることはないとした事例、②共同相続された個人向け国債は、相続開始と同時に当然に相続分に応じて分割されることはないとした事例

平成 28 年 12 月 19 日最高裁大法廷決定（民集 70 巻 8 号 2121 頁）
　　　…………39、44、45、52、53、60、73、79、82、88、89、90、127、136、137、
　　　　　138、140、144、146、148
＊共同相続された普通預金債権、通常貯金債権及び定期貯金債権は、いずれも、相続開始と同時に当然に相続分に応じて分割されることはなく、遺産分割の対象となるとした事例

平成 29 年 4 月 6 日最高裁判決（判例タイムズ 1437 号 67 頁）……45、53、145
＊共同相続された定期預金債権及び定期積金債権は、いずれも、相続開始と同時に当然に相続分に応じて分割されることはないとした事例

155

執筆者略歴

本橋総合法律事務所

住所　〒102-0094　東京都千代田区紀尾井町 3 番 19 号
　　　　　　　　　紀尾井町コートビル 501 号室、401 号室
TEL　03-3512-7100　　FAX　03-3512-7103　　URL　www.motolaw.gr.jp

本橋　光一郎（もとはし・こういちろう）

1973 年　東北大学法学部卒業
1975 年　弁護士登録（東京弁護士会）
現在　本橋総合法律事務所 代表
遺産相続・遺言・成年後見などの家事事件について幅広く取り扱っており、相続
判例研究、相続実務研修講師なども多く行っている。

本橋　美智子（もとはし・みちこ）

1975 年　東北大学法学部卒業
1979 年　弁護士登録（第一東京弁護士会）
現在　本橋総合法律事務所 パートナー
［主要著書］
『男性のための離婚の法律相談』（学陽書房）　　『新版 要約離婚判例』（学陽書房）
『要約 相続判例 109』（学陽書房）　　『要約 遺言判例 100』（学陽書房）
『要約 著作権判例 212』（共著、学陽書房）
『家族を幸せにする遺言書のつくり方』（かんき出版）
『新 離婚をめぐる相談 100 問 100 答』（共著、第一東京弁護士会人権擁護委員会編、
ぎょうせい）
『暮らしの法律 110 番　結婚・離婚・再婚』（中央経済社）

下田　俊夫（しもだ・としお）

1993 年　明治大学法学部法律学科卒業
1998 年　弁護士登録（東京弁護士会）、本橋総合法律事務所入所（現在）
［主要著書］
『問答式 土地・建物担保の実務』（共著、新日本法規出版）
『ガイドブック 教育現場の著作権』（共著、法学書院）
『企業法務判例ケーススタディ 300【企業取引・知的財産権編】』（共著、きんざい）

篠田　大地（しのだ・だいち）

2005 年　慶応義塾大学法学部政治学科卒業
2007 年　東京大学法科大学院卒業
2008 年　弁護士登録（第一東京弁護士会）、岩田合同法律事務所入所
2013 年　本橋総合法律事務所入所（現在）
［主要著書］
『Q & A 家事事件と銀行実務』（共著、日本加除出版）
『Q & A インターネットバンキング』（共著、きんざい）

ケース別　相続預金の実務 A to Z

2018 年 1 月 15 日　初版第 1 刷発行

編　者　　**本橋総合法律事務所**

発行者　　**酒 井 敬 男**

発行所　株式会社　**ビジネス教育出版社**

〒102-0074　東京都千代田区九段南 4 - 7 - 13
TEL 03(3221)5361(代表)／FAX 03(3222)7878
E-mail▶info@bks.co.jp URL▶http://www.bks.co.jp

印刷・製本／シナノ印刷㈱　　装丁・本文デザイン・DTP ／㈲エルグ
落丁・乱丁はお取り替えします。

ISBN978-4-8283-0685-8　C2034

本書のコピー、スキャン、デジタル化等の無断複写は、著作権法
上での例外を除き禁じられています。購入者以外の第三者による
本書のいかなる電子複製も一切認められておりません。

＝ビジネス教育出版社 関連図書＝

事例で確認！相続エキスパートになるための Q&A170

相続手続支援センター／編
Ａ５判・248頁　定価：本体 2,300 円＋税
相続実務でよくある事例、見落としがちな点を問題形式で確認できる便利な
書。デジタル遺品、マイレージの引き継ぎ、死後離婚、墓じまいなど、最近の
傾向を反映したコラムも充実。知ってトクする情報が満載！

新版 事例たっぷり！絶対に失敗しない 相続の手続き

相続手続支援センター／著
Ａ５判・256頁　定価：本体 2,000 円＋税
相続の手続きを進めていくうえで陥りやすい間違いや注意すべき点、知ってお
いたほうがよい情報を集大成。「特別な事情」がある場合の相続手続きを中心
に 72 の具体的な事例を収録した好評書、全面改訂でさらに充実！

相続実務に役立つ "戸籍" の読み方・調べ方

小林直人・伊藤 崇・尾久陽子・渡邊竜行／共著
Ａ５判・248頁　定価：本体 2,400 円＋税
相続人を確定させるために必要な戸籍の仕組み・基礎知識から取り寄せ方、読
み方までを分かりやすく解説。旧法戸籍・現行戸籍とも豊富な実例を収録し、
見方のポイントを明示。

Q&A 不動産担保価値の基礎知識と減価のしくみ

不動産鑑定士 黒沢 泰／著
Ａ５判・264頁　定価：本体 2,800 円＋税
不整形地・角地・崖地等の基本的減価要因から土壌汚染地・埋蔵文化財包蔵地・
アスベスト使用建物等、近年増加している新たな担保価値減少要因まで、幅広
い事例を紹介。個々の不動産の物的な特徴だけでなく地域の特徴を始めとする
諸要因も含め、総合的判断ができるように構成。